MÜNSTERISCHE BEITRÄGE ZUR RECHTS- UND STAATSWISSENSCHAFT

HERAUSGEGEBEN VON DER
RECHTS- UND STAATSWISSENSCHAFTLICHEN FAKULTÄT DER
WESTFÄLISCHEN WILHELMS-UNIVERSITÄT IN MÜNSTER

17

1972

WALTER DE GRUYTER · BERLIN · NEW YORK

EINFLÜSSE DER HISTORISCHEN RECHTSSCHULE AUF DIE OBERSTRICHTERLICHE GEMEINRECHTLICHE ZIVILRECHTS-PRAXIS BIS ZUM JAHRE 1861

von

REIMUND SCHEUERMANN

W DE G

1972

WALTER DE GRUYTER · BERLIN · NEW YORK

D 6
ISBN 3 11 003757 2
Satz und Druck: Saladruck, Berlin 36

DEM ANDENKEN
MEINES VATERS

VORWORT

Die vorliegende Abhandlung wurde Anfang des Jahres 1971 auf Vorschlag der Professoren Dr. *Gmür* und Dr. *Kiefner* vom Fachbereich Rechtswissenschaft der Westfälischen Wilhelms-Universität Münster als Dissertation angenommen. Sie wurde angeregt und betreut von meinem verehrten Lehrer, Herrn Professor *Gmür,* dem ich auch an dieser Stelle für kritischen Rat und vielfältige Förderung herzlich danke.

Mein Dank gilt ferner dem Fachbereich Rechtswissenschaft und dem Fachbereich Wirtschafts- und Sozialwissenschaften für die Aufnahme der Arbeit in die Schriftenreihe, die sie unter dem Namen der früheren Rechts- und Staatswissenschaftlichen Fakultät gemeinsam herausgeben. Dem Land Nordrhein-Westfalen danke ich für einen vom Rektor der Universität bewilligten Druckkostenzuschuß. Dem Fachbereich Rechtswissenschaft schließlich bin ich für die Auszeichnung der Abhandlung mit einem Preis dankbar.

St. Augustin
im Februar 1972

Reimund Scheuermann

INHALT

ABKÜRZUNGSVERZEICHNIS

ABGB	Allgemeines Bürgerliches Gesetzbuch für die gesammten Deutschen Erbländer der Oesterreichischen Monarchie vom 1. Juni 1811
AcP	Archiv für die civilistische Praxis
a. E.	am Ende
AG	Appellationsgericht
ALR	Allgemeines Landrecht für die Preußischen Staaten vom 1. Juni 1794
Annalen	Annalen des Oberappellationsgerichts Dresden, herausgegeben von v. Langenn, Sickel und Pöschmann
Art.	Artikel
Bd.	Band
Bde.	Bände
BGBl.	Bundesgesetzblatt
cap.	Kapitel
Cod. Max. bav. civ.	Codex Maximilianeus bavaricus civilis von 1756
ders.	derselbe
dies.	dieselben
DJZ	Deutsche Juristenzeitung
Dt.	Deutsch (e, er, es)
E	Entscheidungen des Tribunals zu Celle, herausgegeben von Wöltje u. a.
Festschr.	Festschrift
FN	Fußnote
GewO	Gewerbeordnung
GrünhutsZ	Zeitschrift für das Privat- und öffentliche Recht der Gegenwart, begründet von Grünhut
i. d. F.	in der Fassung
JhDogmJhb.	Jahrbücher für die Dogmatik, begründet von Jehring u. a.
Jur. Fak.	Juristische Faktultät
JuS	Juristische Schulung
JW	Juristische Wochenschrift
JZ	Juristenzeitung
Krit. Ueberschau	Kritische Ueberschau der deutschen Gesetzgebung und Rechtswissenschaft, herausgegeben von Arndts, Bluntschli und Pözl
Krit. Vierteljahresschr.	Kritische Vierteljahresschrift für Gesetzgebung und Rechtswisssenschaft, herausgegeben von Pözl
Krit. Zeitschr.	Kritische Zeitschrift für die gesammte Rechtswissenschaft, begründet von Brinckmann, Dernburg u. a.
Matth.	Matthiae, Controversenlexikon des römischen Civilrechts
NF	Neue Folge
o.	oben

OAG	Oberappellationsgericht
o. D.	ohne Datumsangabe
OHG	Oberhofgericht
OR	Obligationenrecht
OT	Obertribunal
OTE	Entscheidungen des Geheimen Obertribunals in Berlin, in amtlichem Auftrag herausgegeben von Simon und Strampf
p.	pagina
Pand.	Pandekten
Plenar.	Plenarbeschlüsse, Sammlung der oberstrichterlichen Plenarbeschlüsse in bürgerlichen Rechtsstreitigkeiten
RabelsZ	Zeitschrift für ausländisches und internationales Privatrecht, begründet von Rabel
RG	Reichsgericht
RGZ	Entscheidungen des Reichsgerichts in Zivilsachen, amtliche Sammlung
ROHG	Reichsoberhandelsgericht
SavZGA	Zeitschrift der Savignystiftung für Rechtsgeschichte, Germanistische Abteilung
SavZRA	Zeitschrift der Savignystiftung für Rechtsgeschichte, Romanistische Abteilung
Seuff.	Archiv für Entscheidungen der obersten Gerichte in den deutschen Staaten, begründet von Seuffert
StrArch.	Archiv für Rechtsfälle aus der Praxis der Rechtsanwälte des Königlichen Obertribunals, begründet von Striethorst
T.	Tomus
Th.	Theil
Tit.	Titel
u. a.	und andere, unter anderem
Urt.	Urteil
u. U.	unter Umständen
v.	vom, von
ZfdtRuRwiss.	Zeitschrift für deutsches Recht und deutsche Rechtswissenschaft
ZfgRwiss.	Zeitschrift für geschichtliche Rechtswissenschaft
ZfRgeschichte	Zeitschrift für Rechtsgeschichte
ZfRpfluVerw.	Zeitschrift für Rechtspflege und Verwaltung, zunächst für das Königreich Sachsen
ZZP	Zeitschrift für Zivilprozeß

Die Fundstellen der Entscheidungen werden, soweit nicht anders angegeben, nach den im Quellenverzeichnis unter „Entscheidungssammlungen“ angeführten Autoren zitiert.

Einführung

I. Forderungen der historischen Rechtsschule an die Gerichtspraxis

Das Verhältnis der historischen Rechtsschule zur praktischen Rechtsanwendung ist durch einen eigenartigen Zwiespalt gekennzeichnet: Einerseits beachten *Savigny* und seine Schüler das von den Gerichten tatsächlich angewendete Recht (usus fori) als Teil des sog. Juristenrechts und anerkennen es insofern als Rechtsquelle[1]. Andererseits widmen sie ihm nicht die gebührende Aufmerksamkeit; sie nehmen auf die in der Praxis herrschenden Ansichten wenig oder gar keine Rücksicht[2]. Trotz ihrer persönlichen Zuneigung zur Rechtsprechung — Savigny[3] und viele seiner Anhänger[4] auf den Lehrstühlen der Universitäten haben als Mitglieder in den Spruchkollegien der juristischen Fakultäten gewirkt — bleibt ihr Verhältnis zur Praxis reserviert. Sie weisen ihr im Verhältnis zur Doktrin nur eine untergeordnete Rolle zu. Die Beschäftigung mit dem Recht als Gegenstand wissenschaftlicher Reflexion gilt ihnen, gegenüber seiner praktischen Anwendung, als der edlere Teil der den Juristen obliegenden Aufgabe[5]. Schon in der „Methodenlehre" Savignys kommt dies zum Ausdruck. Er vergleicht dort Glossatoren (*Irnerius, Accursius*) und Kommentatoren (*Bartolus, Baldus*) miteinander. Nach seiner Ansicht sind die Kommentatoren die schlechteren von beiden; diese verhalten sich zu den

---

Die Fundstellen der Entscheidungen werden, soweit nicht anders angegeben, nach den im Quellenverzeichnis unter „Entscheidungssammlungen" angeführten Autoren zitiert.

[1] *Savigny*, System I S. 46, 87, 90 ff.; *Puchta*, Pandekten S. 26.

[2] Vgl. z. B. *Stintzing-Landsberg* III, 2 S. 248; *Wolf*, Rechtsdenker S. 520; *Stobbe*, Rechtsquellen I, 2 S. 439.

[3] *Savigny* war Mitglied des „Revisions- und Cassationshofes für die Rheinprovinzen" in Berlin, allerdings mit eingeschränkter Tätigkeit (vgl. *Enneccerus*, Savigny S. 70).

[4] *Puchta* war ebenso wie *Savigny* Mitglied des Rhein. Cassationshofes; *Eichhorn*, *Göschen*, *Bluhme* und *Unger* gehörten zeitweise dem Spruchkollegium der Jur. Fak. zu Göttingen an (vgl. *Klugkist*, Göttinger Juristenfakultät S. 125 f.); *Bluhme* wirkte außerdem als OAG-Rat am Oberappellationsgericht zu Lübeck, später war er Mitglied des Spruchkollegiums der Jur. Fak. in Bonn (vgl. *Stintzing-Landsberg* III, 2 Noten S. 127).

[5] Vgl. *Bethmann-Hollweg*, Grundriß S. II; *Koschaker*, Europa S. 257/258.

Glossatoren „wie jetzt ungefähr die Praktiker zu den Theoretikern“[6]. Auch später[7] stellt Savigny die Juristen „von gelehrtem Berufe“ den „practischen Rechtsgelehrten“ gegenüber.

In den Programmschriften der historischen Rechtsschule wird die Gerichtspraxis nur am Rande erwähnt. Immerhin erkennt Savigny an, daß ein „löblicher Zustand des bürgerlichen Rechts“ nicht nur von zureichenden Rechtsquellen und einer zweckmäßigen Form des Prozesses abhängig ist, sondern auch von einem „zuverlässigen Personal“[8]. Er verlangt daher eine Annäherung von Theorie und Praxis, eine Gemeinschaft aller Juristen in der historischen Behandlung des Rechts[9]. Nach dem Vorbild der römischen Jurisprudenz müsse die Praxis wissenschaftlicher werden als bisher. Erst der theoretische wissenschaftliche Sinn mache die Praxis fruchtbar und lehrreich[10]. Wenn der Beruf des Richters einen wissenschaftlichen Charakter annehme, erhalte die Rechtspflege wahre kunstmäßige Vollendung, und nur durch wissenschaftliche Ausbildung könne das Personal der Rechtspflege für seinen Beruf wahrhaft gewonnen werden[11]. Die besondere Bedeutung des Wissenschaftlichen — verglichen mit dem Praktischen — für das Recht wird von Savigny mittelbar auch dadurch betont, daß er in die „Zeitschrift für geschichtliche Rechtswissenschaft“ Abhandlungen von bloß praktischer Beziehung nicht aufnehmen wollte[12] und auch nicht aufgenommen hat.

Bereits in der Gründungsschrift der historischen Rechtsschule verlangt Savigny also von den „practischen Rechtsgelehrten“ wissenschaftliche Behandlung des Rechts. Er warnt nachdrücklich vor einer bloß handwerksmäßigen Ausübung des Richterberufes[13], ohne allerdings darzulegen, was unter „handwerksmäßiger Ausübung“ zu verstehen sei.

In der Vorrede zum „System des heutigen römischen Rechts“ nimmt Savigny diese Gedanken wieder auf. Auch hier fordert er, daß jeder Praktiker in gewissem Grade den theoretischen Sinn in sich erhalte und entwickele, um der Gefahr zu entgehen, daß die Praxis zu einem bloßen Handwerk herabsinke[14]. Bei Kollegialgerichten sieht Savigny eigenartigerweise

---

[6] *Savigny*, Methodenlehre S. 28.

[7] *Savigny*, Beruf S. 125/126. — Die Ansicht *Thiemes*, in Dt. Rechtswiss. 7 (1942) S. 59, für *Savigny* sei die Praxis von Anfang an ein Gegenstand der Verachtung und des Mißbehagens gewesen, trifft in dieser Allgemeinheit nicht zu.

[8] *Savigny*, Beruf S. 111.

[9] *Savigny*, a. a. O. S. 126.

[10] *Savigny*, a. a. O. S. 127.

[11] *Savigny*, a. a. O. S. 129 f.

[12] ZfgRwiss. I (1815) S. 12.

[13] *Savigny*, Beruf S. 128.

[14] *Savigny*, System I S. XX, XXIV.

das Erfordernis der Wissenschaftlichkeit als erfüllt an, ohne dies näher zu begründen. Er meint, bei diesen Gerichten trage jede Entscheidung einen wissenschaftlichen Charakter an sich[15].

Als Fazit dieses kurzen Blickes in die Programmschriften der historischen Rechtsschule ergibt sich, daß Savigny sich unter einem tüchtigen Praktiker vor allem einen gelehrten Richter vorstellt, der seine Entscheidungen wissenschaftlich begründet[16].

II. Stand der Meinungen über den Einfluß der historischen Rechtsschule auf die Gerichtspraxis

Über die Fragen, inwieweit die Praxis den Postulaten der historischen Rechtsschule entsprach, insbesondere inwieweit sie deren wissenschaftliche Methode sowie historische und dogmatische Lehren befolgt hat, und ob sonst ein Einfluß der historischen Rechtsschule auf sie festzustellen ist, gibt es seit jeher die verschiedensten Ansichten. Die Auffassung, daß von der historischen Rechtsschule ein starker Einfluß auf die Praxis ausgegangen sei, wird ebenso vertreten wie die gegenteilige, nach der gar keine oder nur eine geringe Beeinflussung stattgefunden habe.

Nach der Ansicht einer großen Gruppe von Autoren hat sich unter dem Einfluß der historischen Rechtsschule eine Kluft zwischen Theorie und Praxis gebildet; denn die Praktiker hätten die Lehren der Doktrin nicht beachtet[17]. Anhänger und Gegner der historischen Rechtsschule haben diesen Zustand bezeugt und über ihn geklagt. Savigny selbst bezeichnet die „stets wachsende Scheidung zwischen Theorie und Praxis" als das Hauptübel des Rechtszustandes seiner Zeit[18]. *Jhering* schreibt die Schuld an diesem Übel der Doktrin zu[19]. Er weist darauf hin, daß viele Institute, besonders des römischen Rechts, nur noch ein Scheinleben führten und daß manche Regeln gestützt auf die Autorität des Corpus juris als Sätze des geltenden Rechts hingestellt würden,

---

15 *Savigny*, System I S. 90/91.

16 *Thieme*, Dt. Rechtswiss. 7 (1942) S. 64.

17 *Stein*, Dt. Jahrbücher für Wissenschaft und Kunst 1841, S. 365; *Mühlenbruch*, Rechtl. Beurtheilung S. 4; *Bluntschli*, Dt. Privatrecht I S. XX; *Thibaut*, AcP XXI (1838) S. 412; *Reyscher*, Verhandlungen der Germanisten zu Frankfurt 1846 S. 89; *Jhering*, Ges. Aufsätze I S. 16, 21; Ges. Aufsätze II S. 13; *Gaupp*, Ueber die Zukunft S. 96; *Geib*, Die Reform S. 18; *Biermann*, Traditio ficta S. 6; *Girtanner*, Rechtsfälle S. I; *Stintzing-Landsberg* III, 2 S. 232; *Sohm*, SavZGA 1 (1880) S. 79 f.; *Stobbe*, Rechtsquellen I, 2 S. 439; *Kantorowicz*, Recht und Wirtschaft 1912, S. 51; *Molitor*, Privatrechtsgeschichte S. 56; *Wolf*, Rechtsdenker S. 520; *Wilhelm*, Methodenlehre S. 34; *Ebert*, SavZGA 85 (1968) S. 124.

18 *Savigny*, System I S. XXV.

19 *Jhering*, Ges. Aufsätze I S. 21; II S. 13.

vor deren wirklicher Anwendung diejenigen, die sie lehrten, hoffentlich selbst zurückbeben würden[20]. *Mühlenbruch* spricht von einer förmlichen Opposition der „juristischen Geschäftsmänner gegen die eigentlichen Rechtsgelehrten, hauptsächlich in Betreff ihrer Grundsätze und Ansichten über das Recht und dessen Anwendung“[21].

Demgegenüber berichtet *Bethmann-Hollweg* von einem bedeutenden Erfolg Savignys in praktischen Kreisen. Zwar sei der Nachweis hierfür schwer zu führen, aber die unter dem Einfluß der historischen Rechtsschule herangebildeten Praktiker hätten ganz unter dem Einfluß Savignys gestanden und seien „durch den Rückgang auf die neuere Literatur des römischen und deutschen Rechts zur Anwendung desselben genöthigt“ worden[22].

Stintzing bemerkt über Savignys „Besitz“, daß ein großer Teil der in diesem Buch geäußerten Ansichten nicht nur in die Theorie, sondern auch in die Praxis weitesten Eingang gefunden habe[23]. Über den „Besitz“ bemerkt auch *Stein*, er habe sich allgemeiner Anerkennung bei Theoretikern und Praktikern erfreut, ja die praktischen Juristen hätten ihn zu einem Teil ihres Rechtsbewußtseins gemacht, obwohl niemand einen Prozeß nach diesem Werk führen und entscheiden könne[24]. *Jhering* zollt zwar dem „Besitz“ als einem wissenschaftlichen Werk hohes Lob. Doch sei das Buch unter praktischen Gesichtspunkten ein „durch und durch ungesundes“ Werk, weil es ohne reale Anschauung des Lebens und ohne Rücksicht auf die Anwendbarkeit der darin entwickelten Rechtssätze geschrieben sei[25]. *Enneccerus* meint, durch die Besitzlehre Savignys seien die in dem geltenden Recht vorhandenen nichtrömischen Rechtsgedanken zunächst zurückgedrängt worden[26].

Über das „System“ urteilt er, es habe trotz Außerachtlassens des praktischen Rechtslebens einen außerordentlichen Einfluß auf die Urteile der Gerichtshöfe erlangt und diesen Jahrzehnte lang bewahrt. Die Verehrung, welche dem Werk und dem Autor entgegengebracht worden sei, habe „sogar stellenweise der Selbständigkeit des Urteils wesentlich Abbruch getan.“[27] Außer durch seine literarische Tätigkeit habe Savigny auch durch seine Lehrtätigkeit einen mächtigen Einfluß sowohl auf Methode und Entwicklung der Wissenschaft wie auch auf die Praxis ausgeübt[28].

---

[20] *Jhering*, Ges. Aufsätze I S. 26.
[21] *Mühlenbruch*, Rechtl. Beurteilung S. 5 f.
[22] *Bethmann-Hollweg*, ZfRgeschichte 6 (1867) S. 59.
[23] *Stintzing*, Savigny S. 15.
[24] *Stein*, Dt. Jahrbücher für Wissenschaft und Kunst 1841, S. 383, 393.
[25] *Jhering*, Scherz und Ernst S. 356.
[26] *Enneccerus*, Savigny S. 29/30.
[27] *Enneccerus*, a. a. O. S. 47.
[28] *Enneccerus*, a. a. O. S. 52.

Thibaut bemerkt über die historische Rechtsschule, die geschichtliche Behandlung des Rechts habe tief, aber nicht immer günstig auf die praktische Rechtsanwendung gewirkt. Vor allem durch die willkürliche Verachtung der alten Praxis seien manche Dinge sehr in Verwirrung geraten[29].

In den Motiven zum sächsischen BGB ist vermerkt, die historische Rechtsschule habe den vorher sehr befriedigenden Rechtszustand in Verwirrung gebracht[30].

In diesen beiden letzten Urteilen klingt bereits unverhohlen Kritik an dem Einfluß der historischen Rechtsschule auf die Gerichtspraxis an. Die Beeinflussung wird negativ bewertet.

Die zeitgenössischen Germanisten der historischen Rechtsschule hielten sich zunächst mit Äußerungen über deren Einfluß auf die Praxis zurück. Erst auf dem Höhepunkt ihrer Auseinandersetzung mit den Romanisten, nämlich auf der Germanistenversammlung zu Frankfurt am Main im Jahre 1846, werden einzelne Stimmen von Germanisten über jenen Einfluß laut. Vor allem *Reyscher* kritisiert ihn. Er berichtet von einer in der Praxis verbreiteten Redensart, wonach der angehende Praktiker zunächst alles vergessen müsse, was er in der Theorie gelernt habe[31]. Ferner behauptet er, die Praxis sehe bei ihren Entscheidungen zuerst und vor allem auf das römische Recht, nicht dagegen auf das einheimische deutsche Recht[32]. Gegen diese Behauptung wandte sich aber ein unbekannter Versammlungsteilnehmer, der darlegte, das „deutsche" Recht komme bei den Entscheidungen nicht zu kurz. Im übrigen seien nicht nur in der Doktrin, sondern auch in der Praxis Fortschritte zu verzeichnen, denn die Praxis sei wissenschaftlicher geworden[33].

Ein Jahr später bemerkt *Bluntschli*, die Praxis sei der Forderung der historischen Rechtsschule, jeden neu aufgefundenen Rechtssatz, besonders des römischen Rechts, sogleich anzuwenden, nur allzu oft nachgekommen[34].

Dieselbe Ansicht wie Bluntschli vertritt *Otto Gierke*. In seinem „Deutschen Privatrecht" führt er aus[35], die historische Rechtsschule habe die Anwendung des reinen römischen Rechts gefordert. Er fügt bei: „Die Praxis hat vielfach nachgegeben und vollzog so in unseren Tagen eine neue Rezeption"[36]. Soweit ersichtlich, wird hier zum erstenmal davon gesprochen, daß die historische Rechtsschule durch ihren Einfluß auf die Praxis eine neue Rezeption bewirkt

---

[29] *Thibaut*, AcP XXI (1838) S. 412.
[30] Vgl. *Wesenberg*, SavZGA 67 (1950) S. 465.
[31] Verhandlungen der Germanisten zu Frankfurt 1846 S. 86.
[32] A. a. O. S. 184/185.
[33] A. a. O. S. 185.
[34] *Bluntschli*, Dt. Privatrecht I S. XIV.
[35] *Gierke*, Dt. Privatrecht (1. Aufl. 1895) S. 24.
[36] *Gierke* a. a. O.

habe[37]. Aus diesem Begriff der „neuen Rezeption" ist später das Schlagwort von der sog. „Nachrezeption" hervorgegangen, das von vielen Germanisten[38], aber auch Romanisten[38] bis auf den heutigen Tag gebraucht wird[40].

Gierke hat später seinen Vorwurf wiederholt und von einer „neuen Verrömerung" der Praxis besprochen[41]. Ähnliche Gedanken äußerte *Kantorowicz*[42]. Auch hielt er der historischen Rechtsschule vor, daß die Praxis unter ihrem Einfluß so unwissenschaftlich wie nur möglich geworden sei, indem sie Materialien- und Buchstabenkult getrieben und für die Theorie nichts als Haß und Verachtung gehegt habe[43].

Dagegen bescheinigt *Landsberg*[44] den Praktikern, sie hätten erfolgreich nach den Methoden der historischen Rechtsschule gearbeitet; Gründlichkeit und Genauigkeit hätten zugenommen, die Urteile der neuen Epoche hätten sich vorteilhaft vom Phrasenreichtum des absterbenden Naturrechtszeitalters abgehoben, überall hätten sich auf Beherrschung der Quellen gestützte Leistungen gezeigt[45].

Unter den neueren Autoren stellt *Thieme*[46] fest, die Praxis habe sich mehr um die gelehrte Begründung der Urteile als um materielle Billigkeit bemüht. Seitenlange Erörterungen aus dem römischen Recht seien Mode geworden[47].

Koschaker meint, die Lehren der historischen Rechtsschule hätten als „Professorenrecht" die deutsche Praxis nur in geringem Umfang beeinflußt[48]. *Wolf* spricht davon, die Praxis sei an dem romanistischen Purismus der historischen Rechtsschule nicht interessiert gewesen, doch habe Savignys „System" die oberstrichterliche Rechtsprechung in den einzelnen deutschen Ländern „nachweisbar stark" beeinflußt[49].

---

[37] Wesentlich vorsichtiger äußerte sich *Reyscher:* in der *Theorie* sei von den Lehren des Usus modernus fast nichts übrig geblieben: ZfdtRuRwiss. IX (1845) S. 363.

[38] *Mitteis-Lieberich,* Dt. Privatrecht S. 17; *Mitteis,* JZ 1951, 677; *Gmür,* Savigny S. 32.

[39] *Dulckeit-Schwarz,* Röm. Rechtsgeschichte S. 263; *Wesenberg,* SavZRA 67 (1950) S. 460; nur referierend *Wieacker,* Gründer und Bewahrer S. 111.

[40] Vgl. zur sachlichen Berechtigung des Begriffes der „Nachrezeption" die Kritik unten S. 38 ff.

[41] *Gierke,* Hist. Rechtsschule S. 18; vgl. auch *Koch,* Kritik S. 127.

[42] *Kantorowicz,* Recht und Wirtschaft 1912 S. 51.

[43] *Kantorowicz* a. a. O.

[44] *Stintzing-Landsberg* III, 2 S. 461.

[45] *Stintzing-Landsberg* a. a. O.

[46] *Thieme,* Dt. Rechtswissenschaft 7 (1942) S. 63.

[47] *Thieme* a. a. O.

[48] *Koschaker,* Europa S. 277.

[49] *Wolf,* Rechtsdenker S. 521.

Ähnlich äußert sich *Döhring*[50]. Aber im Gegensatz zu allen anderen Autoren vertritt er die Auffassung, daß bis zur Jahrhundertmitte und darüber hinaus besonders *Puchtas* „Pandecten" in der Praxis eine beherrschende Stellung eingenommen hätten, während das „System" Savignys zwar vielfach benutzt worden sei, aber bei weitem nicht soviel Einfluß wie jenes Werk behabt habe. Im übrigen — so urteilt Döhring — hätten sich die Praktiker, soweit sie unter dem Einfluß der historischen Rechtsschule gestanden hätten[51], an die Lehrbücher von *Vangerow* und *Arndts* sowie an Abhandlungen in den gelehrten Zeitschriften gehalten. In den Urteilen hätten sie es manchmal geradezu darauf angelegt, gelehrtes Wissen zu zeigen[52].

Gegenüber diesen verschiedenartigen Meinungen über die Beeinflussung der Praxis durch die historische Rechtsschule ist vorsichtige Zurückhaltung geboten. Denn fast keiner der genannten Autoren berücksichtigt die Rechtswirklichkeit vor dem Auftreten Savignys und seiner Schule und kommt dadurch leicht zu fragwürdigen Schlußfolgerungen. Dies gilt insbesondere für die Behauptung, die historische Rechtsschule habe eine Trennung von Theorie und Praxis herbeigeführt[53]. M. E. ist es verfehlt, allein die historische Rechtsschule für diese unbefriedigende Rechtsentwicklung verantwortlich zu machen. Denn eine der Hauptursachen der zwischen Rechtslehre und Rechtsanwendung eingetretenen Entfremdung liegt zweifellos darin, daß die Professoren es seit den Zeiten des *Heineccius* mehr und mehr als ihre Aufgabe ansahen, eigene Rechtsanschauungen selbständig zu gewinnen und diese der Praxis als Regel vorzuschreiben[54]. Zudem ging schon in der zweiten Hälfte des 18. Jahrhunderts die Aktenversendung merklich zurück[55], so daß die Professoren als Mitglieder der Spruchfakultäten immer weniger an der praktischen Rechtsfindung beteiligt wurden. Die sich damit anbahnende, zu Beginn des 19. Jahrhunderts schon weit forgeschrittene[56] funktionale Scheidung der Juristen in zwei voneinander unabhängige Berufsstände, nämlich Rechtslehrer (Professoren) einerseits und Praktiker (Richter, Rechts-

---

[50] *Döhring*, Geschichte S. 331.

[51] Mit *Stintzing-Landsberg* III, 2 S. 461 darf angenommen werden, daß die große Mehrzahl der Praktiker mindestens auf den Universitäten unter dem Einfluß der historischen Rechtsschule gestanden hat.

[52] *Döhring*, Geschichte S. 335.

[53] Vgl. oben S. 3.

[54] *Stintzing-Landsberg* III, 1 S. 197; *Baumgärtel*, Erlanger Juristenfakultät S. 27 ff.

[55] Verbot der Aktenversendung in Preußen 1746, in Bayern 1753 (vgl. *Stintzing-Landsberg* III, 1 S. 217 ff.).

[56] Über den sich stark verringernden Akteneingang bei den Spruchkollegien anfangs des 19. Jahrhunderts vgl. insbesondere *Klugkist*, Göttinger Juristenfakultät S. 106.

anwälte) andererseits, birgt stets die Gefahr in sich, daß Theorie und Praxis eigene Wege gehen. Die historische Rechtsschule hat diese funktionale Trennung vorgefunden, so daß es falsch ist, nur ihr die Schuld an der Scheidung von Theorie und Praxis zuzuschreiben. Die von Savigny und seinen Schülern erhobene Forderung, die Pflege des Rechts vor allem „wissenschaftlich" zu betreiben, mag die Trennung in den ersten Jahrzehnten der historischen Rechtsschule allerdings gefördert und verstärkt haben[57]. Man kann der historischen Rechtsschule daher allenfalls vorwerfen, sie habe der unbestreitbar schon vorhandenen Trennung von Theorie und Praxis nicht genügend entgegengewirkt und diese noch begünstigt, nicht aber, sie selbst habe jene Trennung herbeigeführt.

Bereits dieser kurze Blick auf die Rechtswirklichkeit um die Wende des 18. zum 19. Jahrhundert läßt die der historischen Rechtsschule angelastete ungünstige Beeinflussung des deutschen Rechtslebens jedenfalls nicht in vollem Umfang berechtigt erscheinen. Ferner ist bei allen Stimmen über den Einfluß Savignys und seiner Anhänger auf die Praxis zu berücksichtigen, daß beinahe alle, insbesondere aber die älteren Meinungen, ziemlich getreu den eigenen subjektiven Standpunkt der Autoren zur historischen Rechtsschule widerspiegeln. Liebe und Verehrung für das unbestrittene Haupt der historischen Rechtsschule sind bei den einen ebenso zu spüren wie bei den anderen Ablehnung und Gegnerschaft. Dies gilt vor allem von denjenigen Autoren, die Savigny und den Rechtszustand seiner Zeit noch aus eigener Anschauung gekannt haben. Der Schulenstreit (Thibaut — Savigny; Germanisten — Romanisten) macht sich allenthalben bemerkbar.

Schließlich ist hervorzuheben, daß das Urteil der Zeitgenossen Savignys über die Beeinflussung der Praxis größtenteils nur auf allgemeinen Beobachtungen und Erfahrungen der Urteilenden beruht, nicht dagegen auf der Auswertung von gerichtlichen Entscheidungen. Keiner der genannten älteren Autoren hat seine Meinung aus den schriftlichen Quellen belegt.

Auch die neueren Autoren weisen für ihre Auffassung keine Quellen nach. Lediglich *Wesenberg* hat in seiner Studie über den Einfluß Savignys auf die Rechtsprechung des Oberappellationsgerichts zu Dresden Quellenbelege für seine Meinung gebracht[58]. Alle anderen Autoren vermeiden es, ihre Ansichten aus den Quellen zu begründen, so daß man hinsichtlich des Einflusses der historischen Rechtsschule auf die Gerichtspraxis eher von einer Art „Überlieferung" als von wissenschaftlich gesicherten Erkenntnissen sprechen kann. Zu Recht meint *Mitteis*, Savignys Einwirkung auf die Praxis sei noch

---

[57] *Stintzing-Landsberg* III, 2 S. 232.
[58] *Wesenberg*, SavZRA 67 (1950) S. 459 ff.

fast unerforscht[59]. Für den Einfluß der historischen Rechtsschule insgesamt auf die Praxis gilt dies erst recht.

III. Aufgabe der vorliegenden Untersuchung, Quellenlage, Begrenzung des Themas

In der vorliegenden Abhandlung wird versucht, anhand der veröffentlichten Gerichtsentscheidungen Einflüsse der historischen Rechtsschule auf die zeitgenössische Gerichtspraxis nachzuweisen. So schwierig sich dieser Versuch darstellen und so wenig voraussehbar sein Ergebnis auch sein mag, so reizvoll erscheint es doch, ihn zu wagen. Er muß nämlich — unabhängig von seinen übrigen Ergebnissen — dazu führen, Aufschluß über das Verhältnis der Praxis zu den die Rechtswissenschaft des 19. Jahrhunderts beherrschenden Ideen der historischen Rechtsschule zu gewinnen. Die Kenntnis dieses Verhältnisses ist in mehrfacher Beziehung von Bedeutung.

Entgegen ihrem Programm, das theoretisch von einer fortlaufenden Kontinuität der Rechtsentwicklung ausging[60] und somit die gleichmäßige Beachtung aller Rechtsepochen erforderte, bekämpfte die historische Rechtsschule die ihr vorangegangenen wissenschaftlichen Richtungen des Naturrechts und des Usus modernus pandectarum und suchte deren Einfluß auf Theorie und Praxis zu verdrängen. Sie schnitt daher tief in die Entwicklung der deutschen Rechtswissenschaft ein[61]. Es fragt sich, ob sich dasselbe Ergebnis in der Praxis zeigt, d. h. ob die Praxis denselben Weg beschritten hat, oder ob durch das Verhalten der Gerichte die möglichen Auswirkungen der Lehren Savignys und seiner Schüler gemildert worden sind. Das Ergebnis der Untersuchung soll wenigstens teilweisen Aufschluß darüber geben, ob und inwieweit die Praxis von der in der Doktrin vorherrschenden Forderung, das Recht geschichtlich zu betrachten, erfaßt war und ob es ihr gelungen ist, diese Betrachtungsweise für die praktische Rechtsanwendung nutzbar zu machen. Schließlich muß sich zeigen, ob bestimmte Einzellehren der historischen Rechtsschule bloße Theorie geblieben sind oder ob sie das praktische Rechtsleben beeinflußt haben.

Mittelbar kann die Untersuchung dazu beitragen, das Bild, das Zeitgenossen und Nachfahren von Savigny als einem Großen der Rechtswissenschaft gewonnen haben, zu ergänzen.

Freilich ist von vornherein nicht zu erwarten, daß durch eine Einzeluntersuchung alle Fragen zur Rechtswirklichkeit des 19. Jahrhunderts erhellt

---

[59] *Mitteis*, Lebenswert der Rechtsgeschichte S. 118.

[60] *Stintzing-Landsberg* III, 2 S. 208.

[61] *Sohm*, GrünhutsZ I (1874) S. 258; *Stintzing-Landsberg* III, 2 S. 226; *Wolf*, Rechtsdenker S. 522.

werden können. Vielmehr macht der außerordentliche Umfang des für die Untersuchung in Betracht kommenden Gegenstandes es unumgänglich, ihn in mehrfacher Hinsicht zu beschränken.

Gemäß der Formulierung des Themas wurde die Untersuchung auf die g e m e i n rechtliche o b e r s t richterliche Z i v i l rechtspraxis bis zum Jahre 1 8 6 1 begrenzt. Damit fiel zunächst der Einfluß der historischen Rechtsschule auf das Partikularrecht aus dem Bereich des Untersuchungsgegenstandes. Daß hier ein weites Forschungsfeld offen bleibt, steht, zumal im Hinblick auf einzelne romanistische Darstellungen bestimmter Partikularrechte durch Autoren der historischen Rechtsschule, außer Frage[62].

Weiterhin sind alle Einflüsse, soweit sie nicht das bürgerliche Recht, sondern das Prozeßrecht, Strafrecht, Handelsrecht etc. betreffen, außer acht gelassen worden.

Ferner stützt sich die Untersuchung nur auf veröffentlichte Urteile, und zwar grundsätzlich allein auf solche der obersten Gerichte (Obertribunale, Oberappellationsgerichte) in den deutschen Staaten und nur gelegentlich auch auf solche der Untergerichte. Diese Beschränkung rechtfertigt sich im Hinblick auf die Quellenlage; denn die Einbeziehung noch weiterer, zumal handschriftlicher Urteile, würde die Kräfte eines einzelnen überfordert haben. An gedruckten Entscheidungssammlungen standen für die Auswertung ca. 250 Bände zur Verfügung. Als bedeutendste Entscheidungssammlung ist zu nennen „Seufferts Archiv für Entscheidungen der obersten Gerichte in den deutschen Staaten", das die wichtigeren Entscheidungen aller deutschen

---

[62] Über das p r e u ß i s c h e A L R las *Savigny* seit 1819 (vgl. *Wolf*, Rechtsdenker S. 521); im Sinne der historischen Rechtsschule wurde das ALR dargestellt von C. F. *Koch*, Allgemeines Landrecht für die Preußischen Staaten, Bd. 1—4, Berlin und Leipzig 1852—1856; *ders.*, Lehrbuch des preußischen gemeinen Privatrechts, Bd. I und II, Berlin 1845 und 1846; F. *Förster*, Theorie und Praxis des heutigen gemeinen preußischen Privatrechts auf der Grundlage des gemeinen deutschen Rechts, Bd. I—IV, Berlin 1865—1873; H. *Dernburg*, Lehrbuch des preußischen Privatrechts, Bd. I—III, Halle 1875—1884. — Bereits 1857 bemerkt *Buchardi*, Krit. Zeitschr. IV (1857) S. 32, daß das ALR „in den jüngsten Zeiten auf eine höchst bedenkliche Weise romanisiert worden ist." Zur Romanisierung des ALR vgl. noch *Boehmer*, Grundlagen II 1 S. 39.

Für W ü r t t e m b e r g siehe K. G. *Wächter*, Handbuch des im Königreiche Württemberg geltenden Privatrechts, Bd. I und II, Stuttgart 1839 und 1842.

Für Ö s t e r r e i c h siehe *Unger*, System des österreichischen allgemeinen Privatrechts, Bd. I, II und VI, Leipzig 1856 und 1864; vgl. hierzu besonders *Ogris*, in: Festschr. für H. Lentze S. 474, 484 ff., 492, 495 f.; *ders.*, Entwicklungsgang S. 9 ff.

Für B a d e n siehe die Bemerkung des Herausgebers zu OHG *Mannheim*, o. D., in Jahrbücher NF X S. 128/130: Die stete Vergleichung mit dem gemeinen Recht und seinen „vortrefflichen wissenschaftlichen Bearbeitungen" sei ein vorzügliches Hilfsmittel für den badischen Praktiker.

Gerichtshöfe mitteilt. Daneben sind auch die Entscheidungssammlungen einzelner Gerichtshöfe untersucht worden.

Leider erwies sich die Quellenlage nicht als so günstig, wie es auf Grund dieser Menge an veröffentlichten Urteilen erwartet werden könnte. Denn vor allem in „Seufferts Archiv" werden manchmal nur Ergebnisse in leitsatzähnlichen Formulierungen, oft sogar lediglich mit den eigenen Worten des Herausgebers, mitgeteilt. Darüber hinaus läßt sich bei einigen Sammlungen, z. B. bei den von *Strippelmann* herausgegebenen Entscheidungen des OAG Cassel, nur schwer entscheiden, inwieweit die in ihnen angeführten Grundsätze, nach denen das Gericht entschieden haben soll, von dem Herausgeber stammen oder den Urteilen wirklich zugrunde gelegen haben. Solche Entscheidungen, insbesondere die in der Sammlung von Strippelmann enthaltenen, habe ich daher nur in eindeutigen Fällen als Belege angeführt. Soweit bei Urteilen Zweifel an der Authentizität der Entscheidungsgründe angebracht erschienen, habe ich diese Urteile entweder nicht als Belege verwendet oder die Zweifel an den betreffenden Stellen kenntlich gemacht.

Schließlich war auch zu berücksichtigen, ob der Herausgeber mit der von ihm vorgelegten Sammlung, etwa im Hinblick auf seine romanistischen oder germanistischen Neigungen, einen bestimmten Zweck erreichen wollte, ferner ob er einen Autor vornehmlich deshalb allein anführte, weil er ihn besonders verehrte. Weder in dem einen noch in dem anderen Falle sind die veröffentlichten Urteile als repräsentativ für die Rechtsprechung des betreffenden Gerichtshofes anzusehen. In den ausgewerteten Entscheidungssammlungen fand sich übrigens nur eine einzige, die einen Autor besonders herausstellte, nämlich die von *Flach* herausgegebene Sammlung von Entscheidungen des OAG Wiesbaden. Überraschenderweise ist jener Autor *Thibaut*[63], der nicht der historischen Rechtsschule angehört.

Die Beschränkung auf gedruckte Entscheidungssammlungen rechtfertigt sich auch im Hinblick darauf, daß der Einfluß solcher Entscheidungen weiter reichte als der von nur handschriftlich ausgefertigten. Wie die Entscheidungen in „Seufferts Archiv" zeigen, haben die Gerichte auf die in früheren Bänden veröffentlichten Urteile Bezug genommen. Sie haben sich also — wenigstens durch einen Teil der veröffentlichten Entscheide — gegenseitig beeinflußt und damit möglicherweise den Einfluß der historischen Rechtsschule verstärkt.

Die große Anzahl von gedruckt vorliegenden Quellen machte es unmöglich, auch die Spruchtätigkeit der juristischen Fakultäten generell in die

---

[63] Zu *Thibaut* vgl. u. S. 55 f.

Untersuchung einzubeziehen. Jedoch werden einzelne Erkenntnisse von Spruchkollegien mitgeteilt[64].

In zeitlicher Hinsicht beschränkt sich die Untersuchung bis zum Jahre 1861. Dieses Jahr könnte als willkürlich gewählt angesehen werden, zumal das Ende der historischen Rechtsschule in Deutschland wohl früher anzusetzen ist — man wird *Wieacker*[65] zustimmen müssen, wenn er das Jahr 1848 als das Ende der historischen Rechtsschule in Deutschland bezeichnet. Trotzdem erscheint jene zeitliche Begrenzung sinnvoll: Das Jahr 1861 ist das Todesjahr Savignys. Es ist gerechtfertigt, den Einfluß seiner Schule zu untersuchen, soweit sich ein solcher zu seinen Lebzeiten zeigt. Auch ist zu berücksichtigen, daß die großen dogmatischen Werke der historischen Rechtsschule erst um die Jahrhundertmitte abgeschlossen wurden und daß es erfahrungsgemäß einige Zeit dauert, bis sich ein Einfluß solcher Werke auf die Praxis zeigt. Das Todesjahr Syvignys ist schließlich auch deshalb als zeitliche Grenze für die Untersuchung geeignet, weil sich ab etwa 1860 das Verhältnis von Theorie und Praxis gewandelt zu haben scheint. Denn seit dieser Zeit nimmt die Doktrin bei der Bildung ihrer Ansichten mehr als früher auf deren Praktikabilität Rücksicht und beachtet zudem stärker als bisher die bis dahin bedenklich vernachlässigten Auffassungen der Gerichte. Vornehmlich um diese Bestrebung zu stärken und zu festigen, erging im Jahre 1860 der Aufruf, einen deutschen Juristenverein ins Leben zu rufen. Die Aufgabe dieser Vereinigung sollte es u. a. sein, „eine Wechselwirkung zwischen Theorie und Praxis herbeizuführen“[66]. Demgemäß bezeichnete die vorläufige Ordnung des im selben Jahre gegründeten „Deutschen Juristentages“ es als dessen Zweck, „eine Vereinigung für den lebendigen Meinungsaustausch ... unter den Deutschen Juristen zu bilden“[67]. Diese Bemühungen, Theorie und Praxis eng miteinander zu verbinden, führten schon bald zu einem ersten Erfolg. Denn im Jahre 1862 erschien *Windscheids* Pandektenlehrbuch, das seinen Ruf als „book of authority“ in der zweiten Hälfte des 19. Jahrhunderts nicht zuletzt seiner sorgsamen Berücksichtigung der in der Gerichtspraxis vertretenen Auffassung verdankt.

Außer diesen durch die Themenstellung gegebenen Begrenzungen erwiesen sich während der Bearbeitung noch weitere Beschränkungen als notwendig, wenn die Untersuchung nicht uferlos fortschreiten sollte. Insbesondere wurde

[64] Prozeßrechtlich handelt es sich um Entscheidungen derjenigen Obergerichte, in deren Namen die Erkenntnisse ergangen sind: z. B. Jur. Fak. *Heidelberg* 1851, *Seuff.* XII Nr. 304 (das betreffende Oberappellationsgericht wird in dieser Entscheidung leider nicht genannt).

[65] *Wieacker*, Privatrechtsgeschichte S. 416.

[66] Verhandlungen des Ersten Deutschen Juristentages 1860, Bd. I S. IV.

[67] Verhandlungen des Ersten Deutschen Juristentages Bd. I S. 2.

davon abgesehen, die Gründe für die etwa feststellbare Beeinflussung der Praxis durch die historische Rechtsschule zu ermitteln. Denn es erschien im Hinblick darauf, daß die Praxis des 19. Jahrhunderts nahezu unerforscht ist, geboten, vor allem festzustellen, ob und inwieweit überhaupt eine Beeinflussung der Praxis durch die historische Rechtsschule stattgefunden hat, die Frage nach den konkreten Gründen dieser Beeinflussung aber zunächst einmal auf sich beruhen zu lassen, zumal jene Gründe nur schwer feststellbar, ja, in den meisten Fällen völlig ungewiß sein dürften. Zwar soll nicht verkannt werden, daß für einen solchen Einfluß u. U. die Einstellung einzelner Richter zu dieser Schule, insbesondere zu dem mit ihr verbundenen „neuhumanistischen Lebensgefühl"[68], ausschlaggebend gewesen sein mag. Aber die Bedeutung einer solchen Einstellung darf im ganzen nicht überschätzt werden; denn sogar wenn, wie *Wesenberg* es im Falle des OAG Dresden nachgewiesen hat, etwa ein Gerichtspräsident ein großer Verehrer Savignys und seiner Schule war, so erscheint es fraglich, ob sich dies in der Praxis eines Kollegialgerichtes auszuwirken vermochte.

Ferner mußte im Hinblick auf die große Zahl bedeutender Romanisten und Germanisten unter den Rechtslehrern der historischen Rechtsschule eine Auswahl unter ihnen getroffen werden. In der Hauptsache wird *Savignys* Einfluß untersucht, ohne daß jedoch die anderen romanistischen oder germanistischen Autoren ganz vernachlässigt wurden.

Schließlich wurden nur einige wenige Lehren in die Untersuchung einbezogen. Im ersten Teil wird geprüft, ob sich die theoretischen Grundanschauungen der historischen Rechtsschule vom geschichtlichen Charakter der Rechtswissenschaft, vom römischen Recht, vom Usus modernus pandectarum und vom Naturrecht in der Praxis ausgewirkt haben. Im zweiten Teil wird untersucht, ob die Lehren der historischen Rechtsschule vom Gewohnheitsrecht, von der Übereignung als abstraktem dinglichen Vertrag und von den Verträgen zugunsten Dritter von der Praxis übernommen worden sind. — Daß nur drei Lehren berücksichtigt werden, erscheint aus praktischen Gründen gerechtfertigt. Nach der Themenstellung ist es nämlich unerläßlich, zunächst festzustellen, ob und inwiefern die Lehren der historischen Rechtsschule von den bis dahin herrschenden Auffassungen abweichen. Erst wenn eine Abweichung festgestellt worden ist, kann weiter geprüft werden, ob die neue Lehre in die Praxis Eingang gefunden hat. Im Hinblick auf die damit verbundenen dogmengeschichtlichen Untersuchungen muß die Beschränkung auf drei Lehren in Kauf genommen werden.

Die Aufnahme der Gewohnheitsrechtslehre in das Untersuchungsprogramm rechtfertigt sich wegen des engen Zusammenhangs dieser Lehre mit der

---

[68] *Wesenberg*, SavZRA 67 (1950) S. 461.

Rechtsentstehungstheorie der historischen Rechtsschule und wegen der Bedeutung des Gewohnheitsrechts für die damalige Praxis.

Die Lehre von der Übereignung als eines abstrakten dinglichen Vertrages erscheint deswegen einer besonderen Untersuchung wert, weil sie im Zeitalter der historischen Rechtsschule völlig neu war, sich aber in der Doktrin trotz einiger kritischer Gegenstimmen rasch und vollständig durchsetzte.

Bei den Verträgen zugunsten Dritter schließlich handelt es sich um eine aus dem Naturrecht und dem Usus modernus pandectarum überkommene Lehre[69], welcher mindestens die Romanisten der historischen Rechtsschule ihre Anerkennung versagten. Im Hinblick auf den von mehreren Autoren behaupteten „romanistischen Purismus" der historischen Rechtsschule kann daher das Ergebnis dieses Teils der Untersuchung Aufschluß darüber geben, ob die Praxis tatsächlich dem „reinen" römischen Recht gefolgt ist

IV. Untersuchungsmethode

Aus den vorstehenden Ausführungen sind der Gang der Untersuchung und teilweise auch die Untersuchungsmethode bereits ersichtlich. Für den nunmehr im einzelnen zu prüfenden Einfluß der historischen Rechtsschule auf die Gerichtspraxis standen zwei verschiedene Wege zur Verfügung.

Der eine war der, den Einfluß „für den Bezirk jedes deutschen Obergerichts gesondert"[70] zu untersuchen. Dieser Weg hätte jedoch nur dann Erfolg versprochen, wenn gesonderte Entscheidungssammlungen aller deutschen obersten Gerichte vorhanden wären. Das ist aber nicht der Fall. Allein ganz abgesehen von dieser in der Quellenlage begründeten Schwierigkeit, könnte mit jener Methode nur eine Vielzahl mehr oder weniger bedeutender, örtlich verschiedener Einflüsse erforscht werden, während sich mit ihr nur sehr schwer feststellen ließe, ob die Praxis insgesamt etwa eine bestimmte Lehre der historischen Rechtsschule befolgt hat. Die vorliegende Abhandlung versucht jedoch, gerade dieses Ziel zu erreichen.

Daher erwies es sich als erforderlich, ausgehend von den Lehren der historischen Rechtsschule, die Anwendung dieser Lehren in der Praxis insgesamt zu untersuchen. Diese Methode erschien auch deshalb erfolgversprechend, weil die gemeinrechtliche Praxis trotz einiger landesrechtlicher Besonderheiten eine Einheit darstellt. Es stand daher von vornherein zu erwarten, daß die Praxis eine im ganzen einheitliche Stellung eingenommen habe. Diese Annahme hat sich bestätigt.

---

[69] Vgl. unten S. 103 ff.

[70] *Wesenberg*, SavZRA 67 (1950) S. 461.

Teil I

Grundanschauungen der historischen Rechtsschule in der Gerichtspraxis

1. Kapitel

DIE GESCHICHTLICHE BETRACHTUNG DES RECHTS

I. Die Lehre der historischen Rechtsschule

Die Rechtswissenschaft des ausgehenden 18. Jahrhunderts war beherrscht von zwei Auffassungen des Naturrechtsgedankens[1]: die eine versuchte nach dem Vorbild der Mathematik[2], aus einer oder mehreren bereits vorhandenen Grundnormen die Rechtsregeln abzuleiten[3]; die andere glaubte, in Abkehr von dieser mathematisch-demonstrativen Methode das Recht als eine auf den gesunden Menschenverstand gegründete Summe von Rechtsregeln begreifen zu können[4].

Unter dem Einfluß der Lehre *Kants* wurden beide Auffassungen scharf bekämpft von dem Göttinger Professor *Gustav Hugo*[5]. *Hugo* lehrte, das Recht könne nicht aus der Vernunft hergeleitet werden. Man müsse objektiv beobachten, wie es tatsächlich in der Geschichte vorkomme[6].

Mit dieser Ansicht ist *Hugo* zum Vorläufer der historischen Rechtsschule geworden[7], deren Programm *Friedrich Carl von Savigny* im Jahre 1814 in der berühmten Schrift „Vom Beruf unsrer Zeit für Gesetzgebung und Rechtswissenschaft" und ein Jahr später in Verbindung mit *Karl Friedrich Eichhorn* in der „Zeitschrift für geschichtliche Rechtswissenschaft" dargelegt hat[8].

---

[1] Vgl. dazu *Thieme*, SavZGA 56 (1936) S. 202 ff.

[2] Über den Einfluß der Mathematik auf die damalige Rechtswissenschaft im allgemeinen siehe besonders *v. Stephanitz*, Exakte Wissenschaft und Recht S. 62 ff.

[3] Hauptvertreter dieser Richtung ist *Christian Wolff*.

[4] Vgl. *Thieme*, SavZGA 56 (1936) S. 229 ff.

[5] *Savigny*, Beruf S. 14.

[6] *Ebel*, Gustav Hugo S. 31.

[7] *Stintzing-Landsberg* III, 2 S. 200; *Ebel*, Gustav Hugo S. 21, 32.

[8] *Savigny*, Ueber den Zweck dieser Zeitschrift, ZfgRwiss. I (1815) S. 1 ff.; *Eichhorn*, Ueber das geschichtliche Studium des Deutschen Rechts, ZfgRwiss. I (1815) S. 124 ff.

Die „geschichtliche Schule", wie *Savigny* selbst die neue Richtung in der Rechtswissenschaft bezeichnet[9], betrachtet den Stoff des Rechts als durch die gesamte Vergangenheit der Nation gegeben; das Recht werde durch Sitte und Volksglaube erzeugt[10], nehme später mit zunehmender Kompliziertheit der Lebensverhältnisse eine wissenschaftliche Richtung und werde auf dieser Stufe der Entwicklung durch Jurisprudenz repräsentiert und erzeugt[11]. Inneren, stillwirkenden Kräften, nicht Eingriffen des Gesetzgebers verdanke es seine Entstehung[12].

Nach der Lehre Savignys bildet das Recht, sofern es sich frei von äußeren Einflüssen ungestört entwickeln kann[13], einen Organismus, in dem alles geheimnisvoll gefügt und aufeinander abgestimmt ist[14].

Indes entsprach das Recht jener Zeit diesem Ideal nur wenig. Nach dem Zeugnis *Thibauts*, der zu den prominentesten, wenn auch nicht bedeutendsten Rechtslehrern der Epoche zählt[15], befand es sich in einem beklagenswerten Zustand[16]. Auch Savigny konnte nicht umhin, gewisse Mängel jenes Zustandes zuzugestehen[17]. Dennoch hielt er im Gegensatz zu *Thibaut* die „Verbindung des gemeinen Rechts und der Landesrechte"[18] für eine vortreffliche Rechtsquelle, „sobald die Rechtswissenschaft thut, was ihres Amtes ist"[19], nämlich diesen mit innerer Notwendigkeit gegebenen Stoff durch die strenge historische Methode der Rechtswissenschaft zu durchschauen und zu erhalten[20].

Savigny charakterisiert die strenge historische Methode als ein Bestreben, „jeden gegebenen Stoff bis zu seiner Wurzel zu verfolgen und so sein organisches Princip zu entdecken, wodurch sich von selbst das, was noch Leben hat, von demjenigen absondern muß, was schon abgestorben ist und nur noch der Geschichte angehört"[21]. Savigny leugnet nicht, daß die Handhabung des Rechts durch die große Masse überkommener Begriffe und Ansichten sehr erschwert werde[22]. Nach seiner Auffassung aber gibt es ein geeignetes Mittel,

---

[9] ZfgRwiss. I (1815) S. 6.
[10] *Savigny*, Beruf S. 12.
[11] *Savigny*, a. a. O. S. 13/14.
[12] *Savigny*, a. a. O. S. 14.
[13] *Savigny*, a. a. O. S. 14.
[14] Vgl. *Gmür*, Savigny S. 14.
[15] *Kiefner*, SavZRA 77 (1960) S. 341.
[16] *Thibaut*, Ueber die Nothwendigkeit S. 18 ff.; *ders.*, Civilistische Abhandlungen S. 404 ff.
[17] *Savigny*, Beruf S. 112.
[18] *Savigny*, a. a. O. S. 111.
[19] *Savigny*, a. a. O. S. 112.
[20] *Savigny*, a. a. O. S. 117.
[21] *Savigny*, a. a. O. S. 117/118; ähnlich System I S. XV.
[22] *Savigny*, Beruf S. 111/112.

den gegebenen Rechtsstoff zu beherrschen, nämlich dessen geschichtliche Betrachtung. Diese bestehe darin, das Recht in seine einzelnen Elemente zu zerlegen, seine Wurzeln freizulegen in einem Verfahren, das danach strebt, „das Gegebene aufwärts durch all seine Verwandlungen hindurch bis zu seiner Entstehung aus des Volkes Natur, Schicksal und Bedürfnis" zu verfolgen[23].

Ähnlich wie Savigny hielt *Eichhorn* eine „Bildungsgeschichte" der Rechtsinstitute und die „Untersuchung der Geschichte einzelner Rechtslehren" für notwendig[24].

Puchta schließlich kennzeichnete die historische Methode dahin, daß sie zeige, wie ein Rechtszustand entstanden und was aus ihm geworden sei[25].

Die geschichtliche Betrachtung des Rechts sollte nach dem Willen Savignys nicht auf die Juristen von „gelehrtem Berufe" beschränkt bleiben, sondern Gemeingut aller Juristen werden[26]. Eine lebendige Schule sollte entstehen, die auch die „practischen Rechtsgelehrten" einschloß; denn „das Geschäft der gesetzgebenden Gewalt, das des Richters, besonders die wissenschaftliche Behandlung des Rechts — alles wird von Grund auf anders"[27], je nachdem, ob die historische Methode angewendet wird oder nicht.

II. Die Erfüllung dieses Programms durch die Mitglieder der historischen Rechtsschule

Savigny hat es als nicht in seiner Absicht gelegen bezeichnet, die historische Behandlung des Rechts in einer ausführlichen Methodik darzustellen[28]. Aber auch ohne die authentische Darstellung durch das unbestrittene Haupt der historischen Rechtsschule ergab sich aus Savignys und Eichhorns Programmgrundsätzen die Forderung nach intensiver dogmengeschichtlicher Forschung[29]. Indes sind die Mitglieder der historischen Rechtsschule, jedenfalls in den ersten Jahrzehnten, dieser Aufgabe kaum nachgekommen[30].

Im Jahre 1838 wies *Thibaut* auf die mangelhafte Erfüllung des Programms hin[31], und *Beseler* stellte 1843 fest, daß historische Forschung auf dem Gebiete der Dogmengeschichte „am wenigsten" Anwendung finde[32].

---

[23] *Savigny*, ZfgRwiss. I (1815) S. 395.
[24] *Eichhorn*, ZfgRwiss. I (1815) S. 135, 145.
[25] *Puchta*, Institutionen I S. 103.
[26] *Savigny*, Beruf S. 125/126.
[27] *Savigny*, a. a. O. S. 119.
[28] *Savigny*, a. a. O. S. 126.
[29] *Wilhelm*, Methodenlehre S. 28 ff.
[30] *Koschaker*, Europa S. 273/274; *Wilhelm*, Methodenlehre S. 30.
[31] *Thibaut*, AcP XXI (1838) S. 413.
[32] *Beseler*, Volksrecht S. 316.

Statt die Entwicklungsgeschichte einzelner Rechtsinstitute zu verfolgen, verloren sich die meisten Mitglieder der historischen Rechtsschule in „antiquarischen" Forschungen und vernachlässigten den Entwicklungsgedanken fast vollständig[33]. In der Vorrede zum „System des heutigen römischen Rechts" hat Savigny selbst die „oft einseitige und unheilvolle" Wendung, welche die Rechtswissenschaft infolge der Neigung vieler Gelehrter zur rein antiquarischen, die Entwicklung des Ganzen außerachtlassenden Forschung genommen hatte, beklagt[34]. *Otto Gierke* bezeichnete die Vernachlässigung dogmengeschichtlicher Forschungen zu Recht als „Sünde wider den geschichtlichen Geist"[35].

Erst um die Jahrhundertmitte wurde die historische Methode, die in der Theorie seit nahezu 40 Jahren geherrscht und eine Epoche der deutschen Rechtsgeschichte geprägt hatte wie kaum eine andere, tatsächlich befolgt[36]. Betrachtet man die Autoren näher, die nunmehr die „strenge historische Methode der Rechtswissenschaft"[37] befolgen, so stellt man fest, daß es sich häufig um Mitglieder der historischen Rechtsschule handelt, die aus der Praxis kamen oder wenigstens der Praxis nahestanden[38].

Diese Tatsache mag auf den ersten Blick verwunderlich erscheinen; denn als Praktiker mußten diese Autoren bestrebt sein, das g e l t e n d e Recht darzustellen. Bei dem damaligen Zustand des gemeinen Rechts aber, das mangels Kodifikation nicht griffbereit zur Verfügung stand, gehörte es zu den wichtigsten Aufgaben der „practischen Rechtsgelehrten" festzustellen, was im konkreten Falle überhaupt als geltender Rechtssatz angesehen werden konnte. Notgedrungen stellte sich die Frage, ob die für eine Entscheidung erhebliche Vorschrift des römischen Rechts rezipiert worden und ob sie im Laufe der Jahrhunderte durch Reichs- oder Landesrechte oder durch Gewohnheitsrecht modifiziert worden war. Ob diese Frage auf Grund geschichtlicher Betrachtung beantwortet werden konnte, erscheint allerdings fraglich; denn die historische Methode konnte nur die Bedingungen feststellen, unter denen das vorhandene Recht entstanden war, ohne daß damit über den Anspruch auf Fortgeltung dieses Rechts etwas gesagt wäre. Hierzu mußte — wenigstens nach *Hegel*[39] — weiter erforscht werden, ob die Bedingungen, denen ein Rechtssatz seine Existenz verdankte, auch noch in der

---

[33] Vgl. *Wilhelm*, Methodenlehre S. 32.

[34] *Savigny*, System I S. XXII.

[35] *Gierke*, Hist. Rechtsschule S. 13/14.

[36] *Jhering*, Geist I S. 64; *Kuntze*, Wendepunkt S. 19; *Stintzing-Landsberg* III, 2 S. 750; *Koschaker*, Europa S. 274.

[37] *Savigny*, Beruf S. 117.

[38] Z. B. *Delbrück* (vgl. *Stintzing-Landsberg* III, 2 S. 756 ff.), *Stölzel*, *Buchka*.

[39] *Hegel*, Grundlinien der Philosophie des Rechts S. 44 f.

Gegenwart vorhanden waren. War das nicht der Fall, dann hatte ein Rechtssatz seinen Sinn und seinen Anspruch auf Fortgeltung verloren[40]; er konnte nicht mehr als geltendes Recht angesehen werden.

Bei der im Laufe der Jahrhunderte angesammelten Masse der Lehrmeinungen und Rechtssätze, die kraft Gewohnheitsrechts galten und nie formell aufgehoben worden waren, konnte aber durch die historische Methode wenigstens eine Teilbereinigung erzielt werden, sofern man sich nicht damit zufrieden gab, die ursprüngliche Geltung darzustellen, sondern die Modifikationen bis in die Gegenwart verfolgte. Für die Gerichtspraxis konnte daher die historische Methode Nützliches und Notwendiges leisten.

III. Die geschichtliche Behandlung des Rechts in der Gerichtspraxis

Forscht man in den Urteilssammlungen des hier in Betracht kommenden Zeitraums, so zeigt sich, daß die Gerichte nur in verhältnismäßig seltenen Fällen die historische Methode angewandt haben. Das erscheint nicht verwunderlich; denn Mühe und Zeit, welche aufgewandt werden mußten, um die Entwicklung eines vor Jahrhunderten entstandenen Rechtssatzes zu ermitteln, ließen die historische Methode für die rasche Entscheidung eines Rechtsstreites wenig geeignet erscheinen. Von daher erklärt sich Savignys — auf die Kenntnis des römischen Rechts bezogene — Auffassung, daß den Praktikern die Belastung mit antiquarischer Forschung nicht zugemutet werden sollte[41]. Darüber hinaus ist zu berücksichtigen, daß in den weitaus meisten Fällen die Geltung eines Rechtssatzes, sei es des römischen oder des deutschen Rechts, unbestritten war, so daß für die Praxis kein Anlaß bestand, mit Hilfe der historischen Methode dessen Geltung festzustellen[42]. Zwar wäre nach Auffassung der historischen Rechtsschule auch in diesen Fällen eine geschichtliche Betrachtung erforderlich gewesen; denn nur auf diese Weise konnte zuverlässig geklärt werden, ob ein Rechtssatz zu Recht als noch in Kraft stehend angesehen werden konnte oder ob er bloß als abgestorbener historischer Ballast noch mitgeschleppt wurde[43]. Indes wäre die Praxis mit dieser Aufgabe, die Savigny vorzüglich den Juristen von gelehrtem Berufe zugedacht hatte[44], überfordert gewesen.

---

[40] *Hegel* a. a. O. S. 45. Auch *Savigny* weist in der Vorrede zum „System" (I S. XV/XVI) darauf hin, daß er auf Grund seiner Forschungen verschiedene Vorschriften des römischen Rechts, die bis dahin unbestritten als geltendes Recht angesehen wurden, nicht mehr als geltend betrachten könne.

[41] *Savigny*, System I S. XXVII.

[42] Vgl. *Dernburg*, Pandekten I S. 10; *Wächter*, Gemeines Recht S. 189.

[43] *Savigny*, Beruf S. 117/118.

[44] *Savigny*, System I S. XXVII.

Dogmengeschichtliche Untersuchungen sind außerdem in den seltensten Fällen entscheidungserheblich, weil ein Rechtsstreit nach dem Recht zu beurteilen ist, das im Zeitpunkt der Entscheidung gilt, nicht dagegen danach, wie der anzuwendende Rechtssatz vor Jahrhunderten gegolten hat[45].

Dennoch haben fast alle obersten Gerichte gelegentlich die historische Methode — allerdings ohne solche verfeinerte Untersuchungen — angewendet, um mit ihrer Hilfe Zweifel darüber, was rechtens sei, zu klären. Es ist nicht genau feststellbar, ob diesen Urteilen eigene historische Forschungen der Richter zugrunde liegen, oder ob in ihnen lediglich die vereinzelt bereits vorhandene dogmengeschichtliche Literatur übernommen wurde. Darauf kommt es in diesem Zusammenhang jedoch nicht entscheidend an. Bedeutsam ist vielmehr die Tatsache, daß Gerichte in Urteilen einen kurzen Überblick über die geschichtliche Entwicklung eines Rechtssatzes gaben.

So wird in einem Urteil des OAG Lübeck die historische Entwicklung der Auffassung, daß bei Streitigkeiten zwischen Christen und Juden das mosaische Recht nur teilweise Anwendung finde, kurz dargestellt[46]. Das Gericht führt aus, die beschränkte Anwendbarkeit des jüdischen Rechts finde „in der Geschichte[47] der positiven Rechtsquellen der älteren, wie der mittleren und der neuesten Zeit seine Bestätigung." In dem Urteil wird hingewiesen auf die Vorschrift des römischen Rechts[48], auf die Gesetze der germanischen Völker, z. B. das Edictum Theodorici, die Lex romana Utinensis[49], den Schwabenspiegel, das Augsburger Statut von 1276, eine Wormser Urkunde von 1315, das Trierer Judenprivileg von 1544 und auf neuere deutsche Gesetze.

Die historische Methode hat auch Anwendung gefunden bei der Frage, ob uneheliche, im Ehebruch erzeugte Kinder durch nachfolgende Ehe ihrer Eltern legitimiert werden können. Unbeeindruckt von der Meinung *Puchtas*, daß die Bejahung dieser Frage gegen den Geist des Rechts verstoße, weil „es sich um eine öffentliche Unanständigkeit"[50] handele, lassen die Gerichte die Legitimation als dem geltenden Recht entsprechend zu. Sie sind sich genau bewußt, daß das römische Recht die Eheschließung zwischen Ehebrechern verbot[51] und daß demgemäß auch eine Legitimation nicht erfolgen konnte. Ausgehend von dem römischrechtlichen Verbot wird die weitere Entwick-

---

[45] Vgl. *Biermann*, Traditio ficta S. 4.
[46] OAG *Lübeck* 1855, *Seuff.* XI Nr. 112.
[47] Sperrung vom Verfasser.
[48] Const. 8 und 15 de Judaeis (1,5).
[49] Bekannter unter dem Namen „Lex romana Curiensis".
[50] *Puchta*, Vorlesungen II S. 283.
[51] Nov. 134 cap. 14 (= Nov. 134.14).

lung dargestellt: Das kanonische Recht habe die Legitimation der Adulterini anerkannt, ebenso seit Jahrhunderten die ältere Praxis des gemeinen Rechts, obwohl erst gegen Ende des 17. Jahrhunderts von einer dahingehenden communis opinio doctorum gesprochen werden könne[52].

In entsprechender Weise haben die Gerichte den Rechtssatz dargestellt, daß die sog. Brautkinder legitimiert werden, wenn ihre Eltern heiraten[53].

Weiter ist die historische Methode verwendet worden, um darzulegen, daß nach gemeinem Recht ein Erbrecht unehelicher Kinder in den Nachlaß ihres Erzeugers nicht besteht. Der Entwicklung dieses Rechtssatzes ist wiederum das OAG Lübeck[54] unter Bezugnahme auf *Savignys* „Geschichte des römischen Rechts im Mittelalter" nachgegangen[55]. Das Gericht stellt zunächst die Rechtslage nach römischem Recht dar und zeigt dann auf, wie durch das kanonische Recht und durch die Reichspolizeiordnungen von 1530, 1548 und 1577 das „heutige" Recht entstanden ist. Nach Ansicht des Gerichts läßt sich ein Erbrecht der unehelichen Kinder nach geltendem gemeinem Recht nicht begründen.

Dieses Urteil ist deswegen besonders bemerkenswert, weil es sich ausführlich mit der Lehre des Usus modernus pandectarum auseinandersetzt, nach welcher uneheliche Kinder ihren Erzeuger zu $^1/_6$ beerben[56]. Das Gericht führt aus, seit dem Ausgang des Mittelalters hätten viele Schriftsteller lediglich das reine römische Recht dargestellt, ohne sich über dessen „heutige" Anwendbarkeit zu erklären. Zwar sei in Deutschland während des 17. und 18. Jahrhunderts diejenige Auffassung herrschend geworden, die den unehelichen Kindern ein Erbrecht zuspreche. Es sei jedoch nicht gerechtfertigt, diese Ansicht auch als allgemeine Auffassung der Praxis zu betrachten. Denn die Juristenfakultäten „als Vermittlerinnen und Fortbildnerinnen des gemeinen Rechts in den vergangenen Jahrhunderten"[57] hätten zu keiner Zeit die in Rede stehende Streitfrage gleichförmig entschieden, und auch aus der Praxis der höchsten Landesgerichte ergebe sich kein einheitliches Bild. Wegen dieser Uneinheitlichkeit der Praxis könne von einem allgemeinen deutschen Gewohnheitsrecht oder einem allgemeinen deutschen Gerichtsgebrauch nicht gesprochen werden. — Die anderen Oberappellationsgerichte

---

[52] OAG *Wiesbaden* 1853, *Seuff.* XIII Nr. 43; Vgl. außerdem: OAG *Darmstadt*, o. D., *Seuff.* I Nr. 352; OAG *Celle* 1850, *Seuff.* V Nr. 188; später noch OAG *Dresden* 1862, *Seuff.* XV Nr. 227; OT *Stuttgart* 1869, *Seuff.* XXII Nr. 245 mit weiteren Nachweisen.

[53] OAG *Rostock* 1841, *Buchka* II Nr. 43 (S. 252 f.).

[54] OAG *Lübeck* 1852, *Seuff.* VI Nr. 223.

[55] *Savigny*, Geschichte des römischen Rechts im Mittelalter Bd. II S. 319 ff.

[56] OLG *Darmstadt* 1888, *Seuff.* XLVI Nr. 104; OT *Stuttgart* 1833, *Seuff.* I Nr. 87; OAG *Wiesbaden* 1844, *Seuff.* I Nr. 88.

[57] OAG *Lübeck* 1852, *Seuff.* VI Nr. 223 (S. 306).

im Gebiet des gemeinen Rechts stimmten mit Ausnahme des OAG Darmstadt[58] der Auffassung des OAG Lübeck zu[59]. Die Urteilsgründe lassen jeweils deutlich erkennen, daß die von *Stammler*[60] geäußerte Ansicht nicht zutrifft, die Lehre des Usus modernus pandectarum über das Erbrecht der unehelichen Kinder sei im 19. Jahrhundert verdrängt worden. Denn jene Lehre war auch zur Zeit des Usus modernus pandectarum keineswegs herrschende Auffassung der Praxis.

Dogmengeschichtliche Darstellungen finden sich auch noch in anderen Urteilen[61].

Im Verhältnis zur großen Zahl der zur Verfügung stehenden Urteile aber sind Entscheidungen, in denen versucht wird, die dogmengeschichtliche Entwicklung einzelner Rechtssätze aufzuzeigen, doch selten anzutreffen. Man wird indessen nicht auf die Zahl der Urteile, welche entwicklungsgeschicht-

---

[58] OLG *Darmstadt* 1888, *Seuff.* XLVI Nr. 104 unter Bezugnahme auf das frühere OAG *Darmstadt.*

[59] OAG *Lübeck* 1852, *Seuff.* VI Nr. 223 (S. 305); OAG *Rostock* 1856, *Buchka* II Nr. 43; OAG *Celle* 1850, *Seuff.* VII Nr. 202; OAG *Rostock* 1856 und OT *Berlin* 1857, *Seuff.* XII Nr. 343; OT *Berlin* 1857, *StrArch.* 26, 305/309 mit weiteren Nachweisen; *RGZ* 3, 211; 26, 193.

[60] *Stammler*, Deutsches Rechtsleben II S. 114 f.

[61] OAG *Jena* 1845, *Seuff.* II Nr. 317: Entstehungsgeschichte des deutschrechtlichen Instituts der Marklosung; OT *Berlin* 1851, OTE 22, 41 ff.: Geschichtliche Darlegung der Frage, ob die einfache Schenkung zu den der Collation unterworfenen Objekten gehöre; OT *Berlin* 1846, OTE 13, 42 ff.: Geschichtliche Erklärung von ALR I 9 § 655; OT *Berlin* 1852, OTE 22, 171 = *StrArch.* 5, 88: Geschichte der väterlichen Gewalt; OT *Berlin* 1852, OTE 24, 356/358: Aus dem Ursprung und der geschichtlichen Entwicklung der außergerichtlichen Pfändung ergebe sich, daß diese dem Gläubiger ein dem Pfandrecht verwandtes Recht verschaffe; OAG *Rostock* 1846, *Buchka* I Nr. 32 (S. 159 ff.): Überblick über die jahrhundertealte Streitfrage, ob nach dem Recht des Corpus iuris ein im Testament bestätigtes Codizill zu seiner Gültigkeit der Zuziehung von Zeugen bedürfe oder nicht; OAG *Rostock* 1848, *Buchka* I Nr. 31 (S. 131 ff.): Geschichtlicher Überblick über die Witwenrechte von Mecklenburgischen Lehnsmännern; Justiz-Canzlei *Rostock* 1856, *Buchka* II Nr. 20 (S. 47): Die in der Entscheidung befolgte Ansicht entspreche der „geschichtlichen Entwicklung" des in Frage stehenden Rechtssatzes; OAG *Rostock* 1856, *Buchka* II Nr. 44 (S. 261): Ausdrücklicher Bezug auf geschichtliche Entwicklung; ebenso 1858, *Buchka* III Nr. 49 (S. 204); OAG *Rostock* 1861, *Buchka* IV Nr. 31 (S. 76): Hinweis, daß es für die richtige Beurteilung des Eingehens auf die gemeinrechtliche Dogmengeschichte bedürfe. — Vgl. außerdem: OAG *München* 1843, *Arends* I S. 80; OAG *Jena* 1861, *Busch* S. 264 f.; *Sachsen-Altenburgische* Regierung, Rechtsspruch o. D., *Kind* S. 102 ff.; OAG *Oldenburg*, o. D., *Seuff.* I Nr. 251; OAG *Lübeck* 1845, *Seuff.* II Nr. 64; OAG *Lübeck* 1855, *Seuff.* XIX Nr. 125; OAG *Parchim* o. D., *Nettelbladt* IV S. 84, 91 f.; OAG *Dresden* 1852, *Ackermann* NF II S. 306/307; AG *Dresden* 1854, *Ackermann* NF IV S. 173, 176; OAG *Dresden* 1848, *Ackermann* NF VI S. 152; AG *Dresden* 1855, *Ackermann* NF VII S. 30/32; OAG *Dresden* 1856, *Ackermann* NF VII S. 206/207.

liche Darstellungen enthalten, abstellen drüfen. Bedeutsam ist, daß die von Savigny aufgestellte Forderung nach geschichtlicher Betrachtung des Rechts in der Praxis nicht unbeachtet geblieben ist und die Gerichte es teilweise für notwendig halten, ihre Entscheidungen historisch zu begründen. Das ist um so überraschender, als in der Doktrin selbst die Erforschung der Dogmengeschichte lange Zeit ganz vernachlässigt worden war.

Allerdings stammen diese Urteile fast ausnahmslos aus der Zeit nach 1840, die meisten sogar aus der Zeit nach 1850. Unter den vielen Urteilen, die z. B. *Seuffert* aus dem 4. Jahrzehnt des 19. Jahrhunderts mitteilt, findet sich kein einziges, in welchem dogmengeschichtliche Erwägungen angestellt worden sind. Der Zeitpunkt, von dem an die gerichtliche Praxis sich der historischen Methode bedient, stimmt auffällig mit der Zeit überein, in welcher sich auch die Doktrin auf das ursprüngliche und eigentliche Anliegen der historischen Rechtsschule wieder besinnt, nämlich die Wurzeln des geltenden Rechts durch dessen geschichtliche Ergründung offenzulegen.

Betrachtet man die einzelnen Gerichte, die der Entwicklungsgeschichte von Rechtssätzen nachgehen, so ist festzustellen, daß keines von ihnen diese Methode besonders häufig angewendet hat. Allerdings scheinen das OAG Rostock und das OT Berlin öfter als die anderen Gerichtshöfe die Entwicklungsgeschichte einzelner Rechtssätze berücksichtigt zu haben. Im übrigen liegen von fast allen deutschen Obergerichten einzelne Entscheidungen mit entwicklungsgeschichtlichen Darstellungen vor.

Daß diese Rechtsprechung auf dem unmittelbaren Einfluß der historischen Rechtsschule beruht, unterliegt keinem Zweifel. Die Praxis des ausgehenden 18. Jahrhunderts kennt derartige geschichtliche Ausführungen in den Relationen und Urteilen, soweit diese überhaupt begründet wurden[62], nicht[63], obwohl der Rechtswissenschaft jener Zeit geschichtlicher Sinn keinesfalls abgesprochen werden kann[64].

---

[62] Urteilsbegründungen waren im 18. Jahrhundert meistens nicht üblich; ein Begründungszwang bestand nur in bestimmten Fällen. Vgl. *Cramer*, Wetzlarische Nebenstunden, Theil 75 S. 81 ff.; *Döhring*, Geschichte S. 208 ff. mit weiteren Nachweisen.

[63] Vergleichend wurden herangezogen:
Joh. Stephan Pütter, Auserlesene Rechtsfälle aus allen Theilen der in Teutschland üblichen Rechtsgelehrsamkeit, Bd. I—IV; *Johann Balthasar*, Selectarum Oberservationum Forensium, Tomus I—III; *Caspar Henricus Hornius*, Consultationum, Responsorium ac Sententiarum Liber unus; *David Georg Struben*, Nebenstunden, Theil 1—6; *Joh. Ulr. v. Cramer*, Wetzlarische Nebenstunden, Theil 1—128; *Heinrich Gottfried Bauer*, Die Churfürstlich-Sächsischen Dezisiones vom Jahr 1746, Theil I; *August Wilhelm Overbeck* und *Bernhard Ludwig Overbeck*, Meditationen über verschiedene Rechtsmaterien, Bde. 1—9; *Sammlung* merkwürdiger Rechtshändel, samt ihren zweifels- und entscheidungsgründen, Theil 1—17.

[64] *Thieme*, SavZGA 56 (1936) S. 208 ff.

Neben den bisher angeführten Urteilen findet man viele Entscheidungen, die auf die Entwicklung einer römisch-rechtlichen Vorschrift eingehen und aufzeigen, wie sich das ältere römische Recht durch die Gesetzgebung Justinians geändert hat.

Savigny hatte für das Studium des römischen Rechts gefordert, vom Recht der Pandekten aus seien die Übergänge zu den neueren Modifikationen bis Justinian zu bestimmen[65]. Obwohl sich also Savignys Forderung nur auf das Studium des römischen Rechts bezog und obwohl das vorjustinianische römische Recht unbestritten nicht rezipiert worden war, gehen viele Urteile auf die Entwicklung eines Rechtssatzes im römischen Recht ein, insbesondere darauf, welche Veränderungen das ältere römische Recht durch Justinian erfahren hat.

Einige Beispiele mögen dies veranschaulichen: In einem Rechtsstreit aus dem Jahre 1846 hatte das AG Dresden die Frage zu entscheiden, ob einem Vermächtnisnehmer der Anteil eines weggefallenen anderen Vermächtnisnehmers zuwachse. Die Entscheidungsgründe beginnen mit einer ausführlichen Darstellung des älteren römischen Rechts, bevor auf dessen Modifikationen durch Justinian eingegangen wird, auf denen die Entscheidung beruht[66].

Ein Urteil des OAG Lübeck[67] erwähnt, daß „nach früherem römischen Recht" der Bürge durch ein vom Gläubiger mit dem Schuldner geschlossenes pactum de non petendo nicht befreit worden sei. „Erst durch das dem Bürgen von Justinian beigelegte beneficium excussionis wird dieser, falls er auf das beneficium nicht verzichtet hat, in einem solchen Falle gedeckt."

Auch andere Urteile verweisen auf das vorjustinianische Recht[68]; einige nehmen gar Bezug auf die Zwölf Tafeln[69].

Schließlich seien zwei Urteile angeführt, von denen das eine auf eine Gesetzesstelle hinweist, die aus der „Zeit des Juristenrechts stammend" in

---

[65] *Savigny*, Beruf S. 119.

[66] AG *Dresden* 1848, bestätigt durch OAG *Dresden* 1849, *Seuff.* III Nr. 83.

[67] OAG *Lübeck* 1850 (durch Jur. Fak. *Göttingen*), *Seuff.* VI Nr. 40.

[68] OAG *Wolfenbüttel* 1850, *Seuff.* XI Nr. 133 (S. 197); OAG *Rostock* 1846, *Buchka* III Nr. 42 (S. 173); vgl. im übrigen OAG *Jena* 1835, *Seuff.* VI Nr. 222; OAG *Wolfenbüttel* 1835, *Matth.* I, 2 S. 23; OAG *Dresden* 1844, *Seuff.* III Nr. 355; OAG *Wolfenbüttel* 1844, *Seuff.* IX Nr. 317; OT *Berlin* 1844, *Seuff.* I Nr. 239 = OTE 10, 184 ff.; OT *Berlin* 1846, OTE 15, 126/132; OAG *Dresden* 1847, *Seuff.* I Nr. 342; OAG *Rostock* 1846, *Buchka* II Nr. 33 (S. 123 f.), OAG *Dresden* 1848, *Seuff.* III Nr. 11 und Nr. 83; OT *Berlin* 1852, OTE 25, 427/430 = *StrArch.* 8, 144/146; OAG *Jena* 1853, *Seuff.* VIII Nr. 59; OAG *München* 1854, *Seuff.* VIII Nr. 63; OAG *Rostock* 1856, *Buchka* II Nr. 44 (S. 260); OAG *Jena*, o. D., *Busch* S. 165; OAG *Wolfenbüttel* 1853, *Seuff.* XXIV Nr. 243 (Bezug u. a. auf Cicero, In Verrem); OAG *Parchim* 1828, *Nettelbladt* V S. 137; OAG *Dresden* 1842, *Ackermann*, S. 245/246.

[69] OAG *Dresden* 1848, *Seuff.* II Nr. 254; OT *Berlin* 1861, *StrArch.* 41, 67/68.

das Corpus iuris aufgenommen worden sei[70], während das andere die Rechtsauffassung zur „Zeit der classischen Juristen“ anführt, an der Justinian nichts geändert habe[71].

Betrachtet man die Urteile, in denen älteres und „neueres“ römisches Recht einander gegenübergestellt werden, so kann man sich des Eindrucks nicht erwehren, daß die Richter lediglich ihre Gelehrsamkeit und ihre Kenntnis des römischen Rechts unter Beweis stellen wollten[72]. Die Anführung älteren römischen Rechts, die u. U. für die Auslegung des Corpus iuris von Bedeutung sein konnte[73], findet sich in diesen Urteilen fast immer isoliert und ohne Bezug auf den zu entscheidenden Fall.

In gleicher Weise wird des öfteren auf älteres deutsches Recht, sogar auf „altgermanische Ansichten“[74], hingewiesen[75].

Vor der Gründung der historischen Rechtsschule gab es derartige „antiquarische“ Ausführungen in den Urteilen, soweit diese mit Entscheidungsgründen versehen waren, nicht. Obgleich das vorjustinianische römische Recht nicht unbekannt war[76], finden sich in den gerichtlichen Entscheidungen vor der Zeit der historischen Rechtsschule keine Bezugnahmen auf älteres römisches Recht. In einem Urteil der Jur. Fak. zu Altdorf ist die Berufung einer Prozeßpartei auf älteres römisches Recht sogar ausdrücklich — und zwar ziemlich ungehalten — zurückgewiesen worden: Das Spruchkollegium hatte sich mit dem Einwand des Beklagten auseinanderzusetzen, daß personae incertae nach älterem römischen Recht nicht erbfähig seien. An sich wäre das eine gute Gelegenheit gewesen, die Entwicklung dieses Rechtssatzes im römischen Recht darzulegen. Das Gericht begnügt sich aber damit, die im älteren römischen Recht herrschende Ansicht als durch die justinianeische Gesetzgebung überholt zu bezeichnen, und bemerkt dann[77]:

---

[70] OT *Stuttgart* 1856, *Seuff.* XI Nr. 17 a (S. 24).

[71] OAG *Jena* 1849 (Jur. Fak. *Halle), Seuff.* X Nr. 22.

[72] Über die Anführung von römischem Recht nach Inkrafttreten des BGB durch das Reichsgericht (typische Wendung: „Schon in den römischen Rechtsquellen ...“) vgl. *Fuchs,* Die Gemeinschädlichkeit S. 36.

[73] Vgl. *Dernburg,* Pandekten I S. 11.

[74] OAG *Darmstadt* 1847, *Seuff.* X Nr. 85; OAG *Jena* 1861, *Busch* S. 265.

[75] OAG *Jena* 1830, *Seuff.* V Nr. 187; OAG *Jena* 1836, *Seuff.* XVII Nr. 120; OAG *Jena* 1849, *Seuff.* XIX Nr. 151; OAG *Rostock* 1858, *Buchka* III Nr. 49 (S. 204); OT *Berlin* 1852, OTE 24, 356/359; OT *Berlin* 1853, OTE 25, 427/430 = *StrArch.* 9, 349/351; OAG *Oldenburg* 1851, *Seuff.* VII Nr. 197; OAG *Oldenburg,* o. D., *Seuff.* VI Nr. 44; OAG *Wiesbaden* 1840, *Flach* I S. 18/22; OAG *Parchim* 1829, *Nettelbladt* V S. 115.

[76] Vgl. *Heineccius,* Historia iuris civilis romani ac germanici, Halle 1731; *ders.,* Antiquitatum Romanorum iurisprudentiae illustrantium syntagma, Editio 4, Straßburg 1734.

[77] *Götz,* Entscheidungen S. 201 (Bestätigung eines Urteils von 1803 durch die Jur. Fak. zu Altdorf).

„Wie könnte auf die implorantischerseits aus dem älteren römischen Recht benützten Subtilitäten Rücksicht genommen werden, nachdem Kaiser Justinian, durch seine spätere Verordnung, wodurch er die personas incertas, und namentlich die postumos alienos erbfähig machte, von den älteren Principien geflissentlich abgewichen ist, mithin diese gegen jene nicht angezogen werden mögen."

Von einer derartigen, fast schroff zu nennenden Zurückweisung alten Rechts („Subtilitäten") ist in den Urteilen zur Zeit der historischen Rechtsschule nichts zu spüren. Das ist verständlich, weil die historische Methode, wie sie auch in der Gerichtspraxis Beachtung gefunden hat, die Bezugnahme auf das alte Recht als ein legitimes Mittel der Rechtsfindung erscheinen läßt, ferner weil sich die Gerichte der von der Entdeckung der Rechtsgeschichte ausgehenden Faszination nicht entziehen konnten. Freilich hat die Anführung alten Rechts die Entscheidung eines Rechtsstreits nur selten gefördert[78].

In der Rechtsprechung wurde somit die rechtsgeschichtliche Forschung als ein Erkenntnismittel für die richterliche Rechtsfindung anerkannt. „Die Entdeckung der Rechtsgeschichte"[79] spiegelt sich in den Urteilen wider. Die Praktiker stehen dem Grundanliegen der historischen Rechtsschule, das Recht geschichtlich zu betrachten, nicht fremd und abweisend gegenüber, sondern nehmen selbst Anteil an rechtsgeschichtlicher Forschung und versuchen, diese für die Gerichtspraxis nutzbar zu machen.

Als weiterer Beleg hierfür sei noch ein Urteil des OAG Jena aus dem Jahre 1860 angeführt: Die Vorinstanz hatte ihre Entscheidungsgründe auf geschichtliche Forschungen gestützt. Vor dem Oberappellationsgericht rügte die unterlegene Partei, der Richter habe sich lediglich auf den Akteninhalt zu beschränken und dürfe tatsächliche Umstände, die ihm vielleicht bekannt geworden seien, für die Urteilsfindung nicht berücksichtigen. Das gelte auch für geschichtliche Forschungen; sie gehörten nicht zum Aufgabenbereich des Richters. Wenn er seine Entscheidung auf solche Forschungen stütze, überschreite er seine Befugnisse. — Das OAG Jena wies als Rechtsmittelgericht diesen Einwand zurück und führte aus[80]:

„Wo es, wie hier, auf die Ermittelung und Feststellung der rechtlichen Natur einer dem Mittelalter entstammenden Abgabe ankommt, ist eine dem Richter anheimfallende Rechtsfrage vorhanden, welche er unabhängig von dem Parteivorbringen zu untersuchen und zu beantworten hat; er ist ebenso berechtigt als verpflichtet, Ergebnisse geschichtlicher Forschungen überhaupt und rechtsgeschichtlicher Untersuchungen insbesondere zur Beantwortung der vorliegenden Rechtsfrage zu benützen."

---

[78] Ausnahme etwa OAG *Rostock* 1846, *Buchka* II Nr. 44 (S. 205 ff.).

[79] *Wieacker*, Privatrechtsgeschichte § 22.

[80] OAG *Jena* 1860, *Seuff.* XXIV Nr. 162.

2. Kapitel

DIE QUELLENGEMÄSSE BEHANDLUNG DES RECHTS

I. Die Forderung der historischen Rechtsschule

In einem gewissen Widerspruch zu dem Programm der historischen Rechtsschule, die Entwicklungsgeschichte des Rechts zu erforschen, steht das Verlangen *Savignys*, besonders die ursprünglichen Rechtsquellen zu beachten und zu lesen. Savigny hatte alle Juristen aufgefordert, in den Quellen „einheimisch" zu werden[1]. Allerdings bemerkt er in der Vorrede zum „System", es beruhe auf einem Mißverständis, wenn jedem, der sich Kenntnisse des römischen Rechts aneigenen wolle, die ganze Arbeit antiquarischer Untersuchung und kritischer Quellenforschung zugemutet würde[2]. Diese Aufgabe war nach Savigny den eigentlichen Wissenschaftlern unter seinen Schülern gestellt und vorbehalten.

Die Rechtslehrer der historischen Rechtsschule haben sich dieser Aufgabe mit großem Eifer zugewandt und bewirkt, daß man sogar „in weitesten, berufsmäßig bloß der Praxis hingegebenen Kreisen den Reiz alter Quellen noch lange empfand oder zu empfinden sich bemühte."[3] Nicht von ungefähr spricht *Landsberg* vom Reiz „alter Quellen". Denn gerade diese sind es, denen die historische Rechtsschule ihre besondere Aufmerksamkeit widmete und die sie besonders schätzte. Nicht zufällig fallen in jene Zeit wichtige neue Quellenfunde[4]. Savigny selbst spricht 1850 von dem auffallenden Reichtum an neu entdeckten Quellen, deren Auffinden durch absichtliches und eifriges Suchen herbeigeführt worden sei[5].

In erster Linie handelt es sich um neu entdeckte Quellen des römischen Rechts, dem die ganze Liebe Savignys[6] und der meisten seiner Schüler gehörte. Es war das römische Recht, dessen hohen Wert für die Rechtswissenschaft Savigny seinen Zeitgenossen vor Augen führte und welchem er zu neuer Blüte verhalf. Diese ist um so erstaunlicher, als das römische Recht um die Wende des 18. zum 19. Jahrhundert in Deutschland wenig geachtet und angesehen war. Es schien sich dem Ende seiner Geltung zu nähern[7]. Man

---

[1] *Savigny*, Beruf S. 120, 125.

[2] *Savigny*, System I S. XXVI.

[3] *Stintzing-Landsberg* III, 2 S. 226.

[4] Wiederentdeckung des echten Gaius durch *Niebuhr* im Jahre 1816 (vgl. *Savigny*, ZfgRwiss. III (1816) S. 129 ff.); zum bekannten „Entdeckerdrang" *Savignys* und seiner Schule vgl. die Nachweise bei *Caroni*, SavZGA 86 (1969) S. 106 FN 39.

[5] *Savigny*, Vermischte Schriften I S. VII.

[6] Vgl. dazu besonders *Caroni*, SavZGA 86 (1969) S. 105 ff. mit zahlreichen weiteren Nachweisen.

[7] *Thieme*, SavZGA 56 (1936) S. 241 ff.; *Gmür*, Savigny S. 32.

machte es für die Ungewißheit des Rechts, die lange Dauer der Prozesse, die Spitzfindigkeiten der Advokaten und die unübersehbaren Kontroversen der Gelehrten verantwortlich. Besonders deutlich tritt die Geringschätzung des römischen Rechts in den Ansichten der Zeit über die Rezeption zutage, deren Wert stark angezweifelt wurde[8]. *Thibaut* fand bei vielen Zeitgenossen Zustimmung[9], als er in seiner Schrift „Ueber die Nothwendigkeit eines allgemeinen bürgerlichen Rechts für Deutschland" das römische Recht als Hauptursache des unbefriedigenden und mangelhaften Rechtszustandes bezeichnete. Dennoch hat sich *Savigny* mit seiner Auffassung von der Vortrefflichkeit des römischen Rechts durchgesetzt[10].

Die Gründe dieser neuen Blüte zu einer Zeit, in der das Heilige Römische Reich Deutscher Nation bereits der Geschichte angehörte, dürften nicht leicht zu finden sein. Ein wesentlicher Grund liegt zweifellos in der fast allgemeinen Anerkennung der von Savigny geforderten historischen Methode, nach welcher „der Stoff der Rechtswissenschaft"[11] betrachtet werden müsse. Dieser Stoff war „Römisches Recht, Germanisches Recht und neuere Modifikationen beider"[12]. Obwohl also Savigny im Prinzip diese drei Materien als die Elemente des gemeinen Rechts anerkannte, blieb Zeit seines Lebens das römische Recht bevorzugtes Objekt seiner wissenschaftlichen Tätigkeit[13]. Nach dem Vorbild des großen Meisters wurde das römische Recht allgemein wieder als ein würdiger Gegenstand rechtswissenschaftlicher Forschung betrachtet. Darüber hinaus dürfte die Auffassung Savignys von der Vortrefflichkeit des römischen Rechts, „das durch seine Bildung als Vorbild und Muster unsrer w i s s e n s c h a f t l i c h e n[14] Arbeit dienen kann"[15], ihre Wirkung nicht verfehlt haben.

---

[8] *Bender*, Die Rezeption S. 46 f.

[9] Vgl. *Stern*, Thibaut und Savigny S. 185 ff.

[10] *Schmidt*, Die Rezeption S. 294.

[11] *Savigny*, Beruf S. 118.

[12] *Savigny*, Beruf a. a. O.; vgl. auch System I S. 264.

[13] *Savigny* spricht schon in jungen Jahren — in einem Brief an *C. v. Neurath* — von seiner „außerordentlichen Liebe" zum römischen Recht (vgl. *Stoll*, Savigny S. 69 ff.). Zur Vorliebe Savignys zum römischen Recht vgl. insbesondere *Thieme*, SavZGA 80 (1963) S. 4 f. („nahezu monomane Fixierung auf das römische Recht"); *Strauch*, Recht, Gesetz und Staat S. 167, 169; *Caroni*, SavZGA 86 (1969) S. 105 ff.; *Arndts*, Krit. Vierteljahresschr. IV (1862) S. 12.

[14] Hervorhebung vom Verfasser.

[15] *Savigny*, Beruf S. 118. — Vgl. *Stintzing-Landsberg* III, 2 S. 248: „Das Schlagwort der Wissenschaftlichkeit mit all seinem idealistischen Zauber, aber auch mit allen seinen Gefahren des intellektuellen Hochmuts, der engstirnigen Ausschließlichkeit und der Abkehr von den Lebensbedürfnissen ist es, das seine Wirkung übt." — Ähnlich *Enneccerus*, Savigny S. 36.

Durch die Wissenschaft[16], insbesondere durch wissenschaftliche Erforschung der quellengemäßen Reinheit des Rechts, erhoffte sich Savigny eine Verbesserung des Rechtszustandes seiner Zeit[17]. Demgemäß befaßten sich die romanistischen Autoren der historischen Rechtsschule fast ausschließlich mit den ursprünglichen Quellen des römischen Rechts. Was im Laufe der Jahrhunderte an Neubildungen und Änderungen hinzugekommen war, blieb größtenteils unberücksichtigt, war verachtenswert, ausgenommen die Ergebnisse und Forschungen der französischen (eleganten) Schule des *Cujacius* und des *Donellus*[18]. Insbesondere erschienen alle Veränderungen des römischen Rechts durch den Usus modernus pandectarum kaum erwähnenswert. Die Praktiker des Usus modernus pandectarum hatten nach Auffassung Savignys das römische Recht geradezu verbildet[19]. Das Recht von diesen Verbildungen zu reinigen, und das reine, quellengemäße römische Recht wenn nicht wiederzubeleben, so doch dessen Reinheit den Zeitgenossen vor Augen zu führen, war erklärtes Ziel der historischen Rechtsschule[20].

Dieses Ziel sollte erreicht werden durch eine kritische Durchleuchtung der Quellen, insbesondere des Corpus iuris. Es entstand ein völlig neues Verhältnis zu den Quellen. Bereits seit *Hugo* wurde es nicht mehr als ein legitimes Verfahren angesehen, als Beweis für die Richtigkeit einer Ansicht auf die Autorität eines angesehenen Rechtsgelehrten hinzuweisen, statt die Begründung aus den Quellen selbst zu geben[21]. Für die Zeit der historischen Rechtsschule gilt dies in noch weit strengerem Maße. Auch die Praxis hat sich bemüht, dieser Forderung nachzukommen.

II. Quellenexegese in der Gerichtspraxis

Für die Rechtsprechung des Oberappellationsgerichts zu Dresden hat *Wesenberg* festgestellt, daß sich die Qualität der Judikatur unter Savignys Einfluß im Sinne einer wissenschaftlicheren Haltung bei der Quellenexegese gehoben habe[22]. Diese Feststellung trifft nicht nur für das OAG Dresden zu. In sehr vielen Entscheidungen fast aller oberen Gerichte findet man textkritische und auf eigene Quellenauslegung gestützte Ausführungen. Seiten-

---

[16] Vgl. dazu die Besprechung des „Berufes" durch *Thibaut* bei *Stern*, Thibaut und Savigny S. 181.

[17] *Caroni*, SavZGA 86 (1969) S. 127.

[18] *Savignys* Hochschätzung für diese beiden Autoren kommt schon in der „Methodenlehre" (S. 63) zum Ausdruck.

[19] *Savigny*, Beruf S. 119; ähnlich System I S. 93, 180; vgl. auch *Caroni*, SavZGA 86 (1969) S. 109.

[20] *Stintzing-Landsberg* III, 2 S. 221, 750.

[21] *Ebel*, Gustav Hugo S. 28.

[22] *Wesenberg*, SavZRA 67 (1950) S. 473.

lange Erörterungen zu speziellen römischrechtlichen Fragen werden Mode[23]. Bezeichnend sind die Urteile, in denen zur Auslegung einer Quellenstelle des Corpus iuris der griechische Text mitherangezogen wurde. Es war, wie auch schon vorher, zur Zeit der historischen Rechtsschule herrschende Lehre, daß der griechische Originaltext nicht rezipiert worden war[24]. Als Auslegungshilfe zwar war der griechische Text einzelner Teile des Corpus iuris bereits vor der Herrschaft der historischen Rechtsschule anerkannt, aber er war in Urteilen nicht verwendet worden[25]. Die romanistischen Autoren der historischen Rechtsschule haben den griechischen Text in kaum einem Lehrbuch des römischen Rechts als Auslegungshilfe verwendet[26]. Trotzdem haben die Gerichte mit dessen Hilfe einzelne Stellen des Corpus iuris selbständig ausgelegt.

Auch hier sei als ein Beispiel dafür, mit welcher Sorgfalt und Akribie die Gerichte diese Methode handhabten, ein Urteil angeführt. Es handelt sich um eine Entscheidung des OAG Lübeck[27], in der es um die Frage ging, welche Personen unter den „mediatores" der Nov. 90 cap. 8[28] zu verstehen seinen. Die gelehrten Ausführungen des Gerichts und seine subtilen philologischen Erwägungen rechtfertigen die wörtliche Wiedergabe der Entscheidung:

„Ein Mediator darf nach Vorschrift der Nov. 90 cap. 8 nicht anders zum Zeugniß genöthigt werden, als wenn beide Theile einstimmig erklären, sein Zeugniß zulassen zu wollen.

Es ist keineswegs außer Streit, was für eine Classe von Personen unter den dort genannten Mediatoren zu verstehen seyen, indem viele ältere Rechtsgelehrte, nach dem Vorgang der Glosse

Colat. 7 tit. 2 cap. 9 ad verb. prohibitione

den Ausdruck auf die zum Abschluß eines Rechtsgeschäfts zugezogenen Unterhändler, also aus proxenetas beziehen,

vergl. Desid. Heraldus de rerum judicat. auctoritate lib. 2 c. 4 § 4squ; (Otto, Thesaur. Tom. 2 p. 1169);

neuere Rechtsgelehrte aber nach Vorgang des letztgenannten Schriftstellers angenommen haben, daß die Novelle auf fr. 25 de testibus zurückweise, und daher unter den dort genannten Mediatoribus gewisse, mit der formellen Instruction des Processes beauftragte gerichtliche Officianten zu verstehen seyen.

Heffter, Institut. des Civil-Processes S. 205 Note 20 vgl. S. 291 der ersten Ausgabe.

---

[23] *Thieme*, Dt. Rechtswiss. 7 (1942) S. 63.
[24] *Savigny*, System I S. 67.
[25] *Glück*, Pandecten I S. 370.
[26] *Savigny* verwendet die Basiliken nicht.
[27] OAG *Lübeck* 1845, *Seuff.* XIV Nr. 176.
[28] Nach heutiger Zitierweise: Nov. 90.8.

Allein beide Ansichten können keineswegs gebilliget werden. Das Wort des griechischen Originaltextes ist μεσίτης, welches sowohl seiner Etymologie nach, als nach der Bedeutung der nahe verwandten Worte: μεσάζειν, μεσόω und dgl., ganz dem deutschen „Mittels-Person" entspricht, und hiernach würde dasselbe denn sowohl die proxenetas, welche den Abschluß eines Geschäfts vermitteln, als auch die Vermittler, welche einen entstandenen Streit auszugleichen suchen, gleichmäßig begreifen und wenigstens durchaus kein Grund vorhanden seyn, dasselbe auf die erste Bedeutung zu beschränken. Zieht man aber ferner in Erwägung:

1. daß μεσίτης im neuen Testamente vorzugsweise gebraucht wird, um das Verhältniß Christi als Vermittlers zwischen Gott und den Menschen zu bezeichnen,

z. B. I. Timoth. cap. 2 v. 5; Epistola ad Hebr. cap. 9 v. 15,

daß Suidas in seinem Wörterbuch dieß Wort kurzweg durch Friedensstifter — εἰρηνοποιός — erklärt und daß Theophilus

Paraphr. Institut. lib. 2 t. 18 in f.

arbitrium boni viri durch μεσιτεία übersetzt;

2. daß schon der Zeitgenosse Justinians, Julianus

Epitome Novellar. const. 83 c. 329

in seinem Auszuge aus Nov. 90 c. 8 μεσίτης ebenso wie die Vulgata durch mediator übersetzt, welcher Ausdruck nirgends für proxeneta stehen dürfte, wohl aber von den Kirchenvätern zur Bezeichnung des Mittleramtes Christi gebraucht wird (z. B. Tertullian. de carne Christi cap. 15); und

3. daß proxeneta in den Basiliken nirgends durch μεσίτης übersetzt oder erklärt wird,

Basil. lib. 54 tit. 15 (T. 6 p. 686 edit. Fabrot [T. 5 p. 138 ed. Heimbach]),

so läßt sich nicht zweifeln, daß dieser Ausdruck gerade vorzugsweise den Vermittler eines entstandenen Streites bedeute, und Cujacius Recht habe, wenn er in

Exposit. Novellar. Nov. 90 inf. und Recitatt. ad Dig. tit. de testibus (T. 2 P. 2 p. 537 in f. und T. 4 p. 926 in f. edit. Fabr.)

sagt: μεσῖται sunt arbitri honorarii, qui inter aliquos egerunt, de lite componenda.

Vgl. auch Linde in der Zeitschrift für Civilrecht und Proceß Band 1 Nr. 12 S. 290.

Die andere oben angeführte Meinung beruht dagegen bloß auf der Annahme, daß die von Justinian in Nov. 90 c. 8 in Bezug genommene lex keine andere sey, als fr. 25 de testibus (22, 5), und daß deßhalb μεσῖται nichts anderes seyn könnten, als die dort genannten executores negotiorum, unter welcher Benennung allerdings gewöhnlich gewisse Gerichtsbeamte verstanden werden: wobei zur Unterstützung dieser Meinung noch angeführt wird, daß die executores im Codex Theodosianus zuweilen auch intercessores genannt würden. — Allein jene Annahme ist offenbar ungegründet. Nicht nur, daß Justinian sagt: quoniam autem legem tulimus, in welcher Weise er nur von seinen eigenen Verordnungen, sicher aber niemals von den in die Pandekten aufgenommenen Stellen der alten Rechtsgelehrten redet; sondern er gibt auch den Inhalt des Gesetzes ausdrücklich dahin an, daß er darin die allgemeine Verbindlichkeit, auch in Civilstreitigkeiten als Zeuge auftreten zu müssen, festgesetzt, davon aber die mediatores ausgenommen habe, welche Inhaltsangabe auf das fr. 25 de testibus durchaus nicht paßt. Vielmehr ist die von Justinian angezogene Verordnung ohne Zweifel keine andere als die const. 16 de testibus (4, 20), welche ursprünglich in griechischer Sprache erlassene Constitution in unsern Handschriften des Codex fehlt, und in den neueren Ausgaben nur aus den Basiliken supplirt ist, in denen die besondere Ausnahme in Ansehung der mediatores vermuthlich eben deßhalb ausgelassen worden ist, weil Justinian dieselbe später durch Nov. 90 c. 8 modificirt hatte. — Denn im Uebrigen paßt das, was Justinian daselbst von seiner Verordnung sagt, vollkommen auf die const. 16 de testibus, und eben diese ist es auch, worauf das Scholion der Basiliken zur Nov. 90 c. 8 zurückweist.

Basil. lib. 21 tit. 1 const. 46 (T. 2 pag. 425 edit. Heimbach).

Fällt aber jene Annahme weg, so kann auch der allerdings richtige Umstand, daß die gerichtlichen Executores im Codex Theodosianus mehrmals intercessores heißen, nicht zur Erklärung des Sprachgebrauchs einer Justinianischen Novelle dienen, indem Tribonian dafür in den aufgenommenen Stellen immer executores gesetzt, oder doch das einemal, wo der Ausdruck stehen blieb,

const. 8 de officio rectoris provinciae (1, 40)

sofort die Erklärung „id est executorem" hinzugefügt hat.

Vergl. Gothofred, Comment. ad Theodos. T. 1 p. 261, T. 2 p. 186.

Auf der andern Seite sprechen aber gegen jene, auch von Heffter wenigstens theilweise

System des Civilprozeßrechts, Ausg. 2 S. 289

zurückgenommene Erklärung ganz entschieden, daß die Griechen den Ausdruck executores niemals durch μεσῖται sondern immer, und namentlich auch in fr. 25 de testibus, durch εκβιβασταί übersetzen,

Basil. lib. 21 tit. 1 const. 24 (T. 2 p. 401 edit. Heimbach),

theils, daß sowohl das vorhin angeführte Scholion der Basiliken (was um so mehr Gewicht hat, da dasselbe von einem Zeitgenossen Justinians, dem Theodorus, herrührt,

G. C. Heimbach, Anecdota T. 1 p. 202, 245,)

als auch Hermenopulus bei Anführung unserer Novelle

Procheiron T. 1 tit. 6 § 32,

μεσίτης durch ὁ μεσάσας τισὶν ἐν πράγματι erklären, was durchaus unpassend wäre, wenn jenes Wort nicht Vermittler überhaupt, sondern nur gewisse Gerichtspersonen bezeichnete.

Sonach wird bei der Auslegung des Cujacius um so mehr stehen zu bleiben seyn, weil dieselbe auch zu einem bei weitem angemesseneren Resultate führt. . . . "

Dieses Urteil liest sich wie eine philologische Abhandlung. Es zeigt aber auch die Schwierigkeiten, mit denen die gemeinrechtliche Jurisprudenz zu kämpfen hatte, und zeugt von der hohen Gelehrsamkeit mancher Richter.

Ähnliche, wenn auch nicht ganz so ausführliche textkritische Erörterungen und philologische Interpretationen mittels des griechischen Originaltextes finden sich auch bei anderen Gerichten[29]. Der Einfluß der historischen Rechtsschule ist hier unverkennbar.

Bemerkenswert ist außerdem, daß sich die Praxis, wenn sie eine Stelle des Corpus iuris nicht selbständig auslegte, zwar auf die Autorität eines Rechtslehrers berief, es aber möglichst vermied, aus dem angezogenen Werk wörtlich zu zitieren. Dies gilt jedenfalls bezüglich der juristischen Meinungen der älteren Rechtslehrer. Wenn im 19. Jahrhundert zitiert wird, dann aus den Quellen selbst und immer in der Originalsprache[30]. Die in der Rechtsprechung des 18. Jahrhunderts übliche Methode, nicht nur die Quellen, sondern auch lange Abschnitte aus Werken des juristischen Schrifttums anzuführen, wird nicht mehr befolgt. Dieses „Nachbeten" der alten Autoren hat aufgehört.

III. Der sog. romanistische Purismus der historischen Rechtsschule

Wegen ihres Rückgreifens auf die Quellen des römischen Rechts wurde der historischen Rechtsschule schon sehr früh vorgeworfen, sie mache „eine rückgängige Bewegung auf anderthalb tausend Jahre"[31] und wolle das geltende Recht durch die Vorschriften des römischen Rechts ersetzen. Der Vorwurf war, mochten das Programm und andere theoretische Äußerungen der historischen Rechsschule noch so sehr das Gegenteil glauben machen, jedenfalls gegenüber der Lehr- und Forschungstätigkeit der Romanisten vollauf gerechtfertigt[32].

Bluntschli[33] spricht davon, die Wissenschaft habe an die Praxis die wunderliche Zumutung gestellt, die neu aufgefundenen Rechtssätze als Gesetze zu verehren und in der Gerichtspraxis anzuwenden. Ähnlich äußert sich *Wächter*[34], und *Stein*[35] bemerkt, die Doktrin sei „ganz gleichgültig gegen

[29] OAG *Lübeck* 1826, *Seuff.* IV Nr. 133 (S. 214); OAG *Kiel* 1837, *Seuff.* VII Nr. 180; OT *Berlin* 1842, *Seuff.* I Nr. 257 = OTE 9, 394/400; OAG *Lübeck* 1845, *Seuff.* II Nr. 46; OAG *Dresden* 1859, *Seuff.* XIV Nr. 124 FN 1 = Annalen I S. 40; OAG *Rostock* 1860, *Buchka* IV Nr. 83 (S. 292); OAG *Parchim* 1834, *Nettelbladt* IV S. 92, 95, 98; OAG *Rostock* 1861, *Seuff.* XVII Nr. 38; später noch: OAG *Wolfenbüttel* 1874, *Seuff.* XXX Nr. 253 (S. 376).

[30] Latein, Griechisch; auch der Sachsenspiegel wird in der Originalsprache angeführt: z. B. OAG *Jena* (Jur. Fak. *Berlin*) 1855, *Seuff.* X Nr. 18 (Sachsenspiegel Buch II, Art. 51 §§ 1, 2).

[31] *Gönner*, Ueber Gesetzgebung S. 222 f.

[32] *Stintzing-Landsberg* III, 2 S. 248; *Biermann*, Traditio ficta S. 4; *Geib*, Die Reform S. 18.

[33] *Bluntschli*, Dt. Privatrecht S. XIV/XV.

[34] *Wächter*, Gemeines Recht S. 205.

[35] *Stein*, Dt. Jahrbücher für Wissenschaft und Kunst 1841, S. 378.

die wirkliche Geltung der Institute, die sie als Gemeines Recht aufführt; es ist ihr genug, wenn dieselben im Corpus iuris anerkannt sind; um die Verwirklichung ihres Inhalts hat sie alsdann zu kämpfen, und hat sie wirklich dafür gekämpft."[36] *Thibaut* verteidigt die alte Praxis gegen die neuen Theorien, welche man auf Grund verbesserter historischer Kenntnisse des römischen Rechts aufgestellt habe[37]. *Jhering*[38] schreibt kritisch, der akademische Unterricht habe das Ziel, den Studenten nicht das in der Praxis geltende, sondern das reine römische Recht zu vermitteln und sie in die Lage zu versetzen, dieses Recht im Leben zur Anwendung zu bringen.

Die Zeitgenossen der historischen Rechtsschule haben also den Eindruck gewonnen, diese wolle das bislang geltende Recht durch das reine römische Recht verdrängen. Indes haben die Autoren der historischen Rechtsschule nirgends ausdrücklich verlangt, daß die durch die romanistischen Forschungen neu entdeckten oder anders als bisher verstandenen Vorschriften des römischen Rechts in konkreten Fällen als Entscheidungsgrundlage dienen sollen. Schon im „Beruf" hatte *Savigny* darauf hingewiesen, daß der Vorwurf, seine Schule wolle dem römischen Recht eine ungebührliche Herrschaft verschaffen, völlig unberechtigt sei[39]. Daß dennoch der gegenteilige Eindruck bei den Zeitgenossen vorherrschte, liegt daran, daß die historische Rechtsschule das in ihrem Verständnis „reine" römische Recht als „heutiges" römisches Recht lehrte.

Der Ausdruck „heutiges römisches Recht" hängt eng mit dem Begriff des gemeinen Rechts zusammen. Nach Auffassung der Germanisten bildeten römisches und deutsches Recht in ihrer Ergänzung und Durchdringung das gemeine Recht, das subsidiär in weiten Teilen Deutschlands galt[40]. Man wird diese Auffassung als die damals herrschende ansehen können, der auch die Romanisten der historischen Rechtsschule grundsätzlich zustimmten. Savigny hatte als Elemente des gemeinen Rechts aufgezählt: römisches Recht, germanisches Recht und Modifikationen beider[41]. Vom kanonischen Recht spricht er nicht ausdrücklich. Auch *Puchta* erkannte diese Elemente einschließlich des kanonischen Rechts als Bestandteile des gemeinen Rechts an[42]. Für dessen Inhalt aber legten *Savigny* und *Puchta* im Gegensatz zu den Germanisten dem römisch-rechtlichen Element entscheidendes Gewicht bei. Zwar bestrit-

---

[36] Keiner der genannten Autoren belegt seine Behauptung.

[37] *Thibaut*, AcP VI (1822) S. 313 ff.

[38] *Jhering*, Scherz und Ernst S. 356.

[39] *Savigny*, Beruf S. 117; auch System I S. XIV; Obligationenrecht I S. 145.

[40] Vgl. Verhandlungen der Germanisten zu Frankfurt 1846, Anlage I S. 151. — Über die territoriale Verbreitung des gemeinen Rechts vgl. die Denkschrift zum Entwurf eines BGB S. 450 f.

[41] *Savigny*, Beruf S. 118; System I S. 4.

[42] *Puchta*, Vorlesungen I S. 12.

ten auch die Germanisten nicht, daß der größte Teil des gemeinen Rechts aus reinen oder modifizierten römischen Rechtssätzen bestand und daß das „deutsche" Recht nur einen auf wenige Institute beschränkten Geltungsbereich für sich in Anspruch nehmen konnte[43]. Sie wandten sich aber, indem sie die Modifikationen des römischen Rechts durch einheimische Gewohnheiten besonders hervorhoben, gegen die Gleichsetzung von gemeinem und „heutigem römischem Recht". *Savigny* und *Puchta* aber setzten durch ihr tatsächliches Verhalten gemeines Recht und „heutiges römisches Recht" einander gleich.

Hatte Savigny im „Beruf" das „heutige römische Recht" nur als Teil des gemeinen Rechts betrachtet, indem er anerkannte, daß es daneben auch ein Deutsches Privatrecht gebe, so erwecken seine Ausführungen im „System" den Eindruck, als betrachte er die beiden Begriffe „gemeines Recht" und „heutiges römisches Recht" als fast identisch. Er spricht zwar zunächst nur von einer nahen Verwandtschaft beider Begriffe[44], behandelt dann aber doch das gemeine Recht als heutiges römisches Recht[45]. Die Modifikationen des römischen Rechts seien fast nur in den Reichsgesetzen enthalten „und von geringer Erheblichkeit"[46]. Er schließt seine Darlegung zu dem Begriff des gemeinen Rechts in Deutschland mit den Worten: „Daher wird denn auch eine Darstellung des heutigen Römischen Rechts, wozu dieses Werk zunächst bestimmt ist, nur weniger Zusätze bedürfen, um zugleich als Darstellung des gemeinen Rechts für Deutschland gelten zu können."[47]

Savigny leugnet also, daß sich das römische Recht während seiner jahrhundertelangen Geltung in Deutschland wesentlich geändert habe. Eine Änderung könne allerdings durch wissenschaftliches Recht, das Gewohnheitsrecht geworden sei, eingetreten sein. Nach Savigny ist aber nicht alles wissenschaftliche Recht Gewohnheitsrecht geworden. Insbesondere der Teil des wissenschaftlichen Rechts, den Savigny als „practische Arbeit"[48] bezeichnet, ist nach seiner Ansicht nur dann Gewohnheitsrecht geworden und dadurch in der Lage, das römische Recht zu ändern, wenn es „gesunder Natur"[49] ist. Bei diesem gesunden Teil komme es darauf an, das ursprüngliche römische Recht zu ergründen, jedoch nur, um den ganzen Umfang der Neuerungen

---

[43] Vgl. *Jakob Grimm*, Verhandlungen der Germanisten zu Frankfurt 1846, S. 16.

[44] *Savigny*, System I § 2 (S. 4 oben).

[45] *Savigny*, System I § 2 (S. 4 unten).

[46] *Savigny*, System I § 2 (S. 5 oben).

[47] *Savigny*, System I § 2 (S. 5 mitte).

[48] *Savigny*, System I S. 90.

[49] *Savigny*, System I S. 92/93; zu dieser Stelle vgl. auch *Wieacker*, Gründer und Bewahrer S. 112; *Ehrlich*, Grundlegung S. 371 f.

kennenzulernen, nicht aber, um jenes wiederzubeleben. Ein anderer Teil des wissenschaftlichen Rechts sei dagegen bloß aus mangelhafter Wissenschaft hervorgegangen. Diesem „ungesunden Teil“ spricht Savigny die Kraft eines das römische Recht modifizierenden Gewohnheitsrechts ab. Dieser Teil sei als auf einem Irrtum beruhend aufzudecken und zu verdrängen; er trage nur den falschen Schein eines praktischen Rechts an sich, sei „schlechte Theorie, die einer besseren Theorie jederzeit weichen muß“[50].

Ähnlich unterscheidet *Puchta*. Auch er kennt wissenschaftliches Recht, das Gewohnheitsrecht geworden ist, ohne Rücksicht darauf, ob es mit dem römischen Recht übereinstimme oder nicht. Dagegen seien für das Recht, das von den Juristen als Trägern der wissenschaftlichen Wahrheiten stamme, andere Grundsätze maßgebend. Bei diesem Recht gebe es zwar eine Vermutung für dessen innere Wahrheit, wenn es von anerkannten Rechtslehrern vorgetragen werde und in der Praxis konstant Anwendung finde. Die Vermutung sei aber widerleglich; denn man könne die Überzeugung gewinnen, daß dieses Recht auf falschen Gründen beruhe. Sobald man sich von dieser Unrichtigkeit überzeugt habe, dürften solches Recht und solche Rechtssätze nicht mehr angewandt werden, „und hätte man sie Jahrhunderte lang für wahr gehalten und seit Menschengedenken in den Gerichten befolgt.“[51]

Weder *Savigny* noch *Puchta* geben die Kriterien an, nach welchen unterschieden werden kann, was von dem überkommenen Recht als gesund und richtig und was als auf mangelhafter Wissenschaft beruhend angesehen werden muß. *Savigny* erklärt sogar ausdrücklich, es sei ganz unmöglich, im voraus eine allgemeine Regel für die Scheidung des Rechts in einen gesunden und ungesunden Teil aufzustellen, da alles auf den einzelnen Fall ankomme[52].

Wie sich bei näherer Betrachtung der dogmatischen Werke Savignys und seiner Schüler zeigt, werden in ihnen die meisten der romanistisch-germanistischen Zwitterbildungen des gemeinen Rechts mit Stillschweigen übergangen[53]. Von *Savignys* Standpunkt aus, daß den Modifikationen des römischen Rechts wenig Bedeutung zukomme, erscheint das verständlich. Dennoch ist es von Savignys Prämisse aus, nach welcher das römische Recht durch „gesundes“ Gewohnheitsrecht modifiziert werden konnte, nicht konsequent, diese Modifikationen fast gänzlich unberücksichtigt zu lassen. Wenn man jedoch bedenkt, daß unter der Herrschaft der historischen Rechtsschule das Privatrecht im Rahmen zweier voneinander getrennter Disziplinen gelehrt wurde, nämlich sein römischer Teil von den Romanisten, sein „deutscher“

---

[50] *Savigny*, System I S. 94.
[51] *Puchta*, Vorlesungen I S. 43.
[52] *Savigny*, System I S. 94.
[53] *Stintzing-Landsberg* III, 2 S. 231.

Teil von den Germanisten, dann erscheint die ausschließliche Beschränkung Savignys auf den römischen Teil nicht verwunderlich. Freilich trug diese scharfe Trennung beider Disziplinen nicht dazu bei, die praktische Rechtsfindung zu erleichtern. Denn da beide Disziplinen nebeneinander standen, ohne daß bei abweichenden Lehren über ein und denselben Gegenstand klar wurde, ob das römische oder das deutsche Recht als geltendes Recht zu betrachten sei, wurde die Rechtsfindung sogar erheblich erschwert. Die „dualistische" Erforschung und Lehre des gemeinen Rechts trug den Bedürfnissen der Praxis nicht genügend Rechnung. Nach *Stein* hätte es konsequenterweise einer dritten Disziplin bedurft, welche die Verbindung beider Rechte lehrte[54].

Diese Verbindung, die man von einem Werk mit dem Titel „System des heutigen römischen Rechts" erwarten durfte, wurde von *Savigny* jedoch nicht hergestellt, ja wohl nicht einmal angestrebt. Die stillschweigende Übergehung vieler Modifikationen des römischen Rechts, verbunden mit der Darstellung des im Verständnis der historischen Rechtsschule „reinen" römischen Rechts macht im Gegenteil deutlich, daß nicht wenige der durch wissenschaftliches Recht herbeigeführten Modifikationen nach *Savignys* Ansicht zu dem von ihm so bezeichneten „ungesunden" Teil gehörten, der zu verdrängen ist. Als Beispiele nennt Savigny einen Teil der Besitzlehre und die Lehre von der unvordenklichen Verjährung bei Servituten[55].

Von der Anlage her tritt also das „System" *Savignys* mit dem Anspruch auf, geltendes und somit anwendbares und anzuwendendes Recht zu lehren[56]. Das gleiche gilt von den Lehrbüchern der anderen Romanisten. Ihre Werke stellten sich als Werke des geltenden Rechts dar, womit sich naturgemäß der Anspruch auf Anwendung in der Praxis verbindet[57].

So ergibt sich in der Tat das Bild, daß die Autoren der historischen Rechtsschule das von den meisten Modifikationen befreite, reine quellengemäße römische Recht als geltendes Recht betrachteten und seine Anwendung durch die Praxis verlangten[58].

---

54 *Stein*, Dt. Jahrbücher für Wissenschaft und Kunst 1841, S. 374.

55 *Savigny*, System I § 20; System IV § 197 a. E. unter ausdrücklicher Bezugnahme auf System I § 20 (S. 90—100).

56 *Schmidt*, Die Reception S. 291, 301 ff.; *Noellner*, Dt. Juristen S. 117.

57 *Koschaker*, Europa S. 256/257; *Biermann*, Traditio ficta S. 4.

58 *Stintzing-Landsberg* III, 2 S. 750; *Gierke*, Hist. Rechtsschule S. 14, 17; *ders.*, Dt. Privatrecht I S. 24; *Wächter*, Gemeines Recht S. 205; *v. d. Pfordten*, Verhandlungen der Germanisten zu Lübeck 1849, S. 226; *Regelsberger*, Pandekten S. 43; *Bekker*, System I S. 7 FN 1; *Ehrlich*, Grundlegung S. 259; *ders.*, Recht und Leben S. 249; *Boehmer*, Grundlagen II, 1 S. 56; *Ogris*, Festschr. f. Lentze S. 474/475; *Wolf*, Rechtsdenker S. 518.

Die historische Rechtsschule konnte sich für diese ihre Forderung auf die Theorie von der „Rezeption in complexu" berufen. Diese Theorie besagte, daß das im Verständnis der historischen Rechtsschule reine römische Recht im ganzen rezipiert worden sei. Wer sich also auf eine Vorschrift des römischen Rechts berufe, habe die Vermutung der Anwendbarkeit und Geltung dieser Vorschrift für sich. Wer ihre Nichtgeltung behaupte, müsse den Nachweis führen, daß der angezweifelte Rechtssatz nicht rezipiert worden war[59]. Obwohl diese Theorie von den Germanisten heftig bestritten wurde[60], wird man sie auch noch zur Zeit der historischen Rechtsschule als herrschende Meinung ansehen dürfen[61].

Die Praxis hat an dem Streit zwischen Romanisten und Germanisten über die Theorie der Rezeption in complexu keinen Anteil genommen, wie überhaupt Fragen der Rezeption in den Entscheidungen fast keine Rolle spielen. Vereinzelt findet man ein Urteil, in dem es auf Rezeptionsprobleme ankam, z. B. darauf, ob in Ermangelung anderer sicherer Rechtsnormen das römische Recht anzuwenden sei[62]; ob nur das römische Privatrecht oder auch das römische Staatsrecht rezipiert worden sei[63], oder ob bei Abweichungen der Vulgata von dem griechischen Urtext dieser oder der lateinische Text maßgebend sei[64]. Zu diesen Problemen vertrat die historische Rechtsschule keine spezifischen Lehren, so daß es in dieser Hinsicht keiner weiteren Erörterung bedarf.

Dagegen soll nicht unerörtert bleiben, ob die Praxis dem Verlangen der historischen Rechtsschule, das „reine römische Recht" anzuwenden, nachgekommen ist. Wie bereits erwähnt[65], sind viele Autoren der Ansicht, die Anwendung reinen römischen Rechts auf Kosten der überkommenen Lehren, insbesondere derjenigen des Usus modernus pandectarum, sei während des 19. Jahrhunderts in einem so großen Ausmaß geschehen, daß sie diesen Vor-

---

[59] „Qui ius romanum allegat, habet fundatam intentionem."
Vgl. *Stobbe,* Rechtsquellen I, 2; S. 428; *Stintzing-Landsberg* II S. 16—19; 178—188; *Puchta,* Vorlesungen I S. 11.

[60] Vgl. bereits *Conring,* De origine iuris Germanici S. 117 ff., 146 ff.; *Beseler,* Volksrecht S. 103.

[61] *Savigny,* Obligationenrecht II S. 233, 239 (beiläufig); *Wächter,* Gemeines Recht S. 192 ff.; aus der Rechtsprechung vgl. OAG *Darmstadt* 1841, *Seuff.* XXIV Nr. 3; OAG *Dresden* 1843, *Seuff.* III Nr. 8; OAG *Oldenburg* 1846, *Seuff.* II Nr. 84.

[62] OAG *Wolfenbüttel* 1832, *Matth.* I, 2 S. 287 (unter X Präjudiz 1).

[63] OAG *Dresden* 1843, *Seuff.* III Nr. 8 mit Bezug auf *Savigny,* System I S. 2.

[64] OAG *Wolfenbüttel* 1831, *Seuff.* XIX Nr. 103: nur der von den Glossatoren zugrunde gelegte lateinische Text sei rezipiert (a. A. *v. Wening-Ingenheim,* Lehrbuch des gemeinen Civilrechts, Bd. I, München 1831, S. 15).

[65] Vgl. oben S. 5 f.

gang mit dem Ausdruck „Nachrezeption“ benennen zu müssen glaubten. Die Berechtigung dieses Begriffes ist jedoch in mehrfacher Hinsicht fragwürdig.

Fraglich ist vor allem, ob eine solche „Nachrezeption“ wirklich stattgefunden hat. Die überwiegende Ansicht scheint dies zwar anzunehmen; aber dennoch ist es nach dem derzeitigen Stand der Forschungen eine unbewiesene Behauptung, die historische Rechtsschule habe eine „neue Verrömerung“, eine „Nachromanisierung“ des deutschen Rechtslebens herbeigeführt. Alle Autoren, die den Begriff „Nachrezeption“ gebrauchen[66], sind bislang den Beweis für die Richtigkeit ihrer Auffassung schuldig geblieben. Die Ansichten zur „Nachrezeption“ beruhen lediglich auf den theoretischen Darstellungen des römischen Rechts durch *Savigny* und seine Schüler.

Von daher stellt sich die Frage, welche Kriterien überhaupt erfüllt sein müssen, um von einer „Rezeption“ sprechen zu können. Ohne Zweifel handelt es sich dann um eine Rezeption ihrem Wortsinne nach, wenn ein fremder Rechtssatz aus freien Stücken in einem förmlichen Gesetzgebungsverfahren als Gesetz in die Rechtsordnung der rezeptionswilligen Körperschaft aufgenommen worden ist. Gerade dieser eindeutige Fall liegt aber für das gemeine Recht des 19. Jahrhunderts nicht vor, da das gemeine Recht als unkodifiziertes Recht galt. Wegen des Fehlens einer Kodifikation war vielmehr das Lehrbuch die höchste wissenschaftliche Instanz für das gemeine Recht[67]. Zu fragen ist daher, ob ein Rechtssatz als rezipiert angesehen werden kann, wenn ihn die Doktrin in Lehrbüchern und Lehrveranstaltungen als angeblich geltendes Recht darstellt. Es braucht jedoch nicht näher dargelegt zu werden, daß die bloße Lehre eines Rechtssatzes niemals den Anspruch auf dessen Geltung begründen kann, wenn nicht der Rechtssetzungswille des nach der staatlichen Ordnung dazu berufenen Organs, sei es des Volkes selbst oder des das Volk repräsentierenden Juristenstandes[68] hinzutritt. Die bloße Lehre eines Rechtssatzes ist daher nicht schon „Rezeption“ von fremdem Recht. Deswegen erscheint der gelegentlich an Stelle des Begriffs „Nachrezeption“ gebrauchte Ausdruck „Kathederrezeption“[69] als ein Widerspruch in sich selbst. Dieser Ausdruck wäre allenfalls brauchbar, wenn man darunter eine Rezeption verstehen wollte, die durch die Lehre bewirkt wird (Doktrin als Vermittlerin der Rezeption).

Ferner stellt sich die Frage, ob ein fremder Rechtssatz rezipiert ist, wenn ihn die Gerichte befolgen. Fremdes Recht kann indessen nur im Wege der Gesetzgebung oder im Wege der Gewohnheitsrechtsbildung zu innerstaat-

---

[66] Vgl. oben S. 5 f.; ferner *Caroni*, SavzGA 86 (1969) S. 109 mit weiteren Nachweisen.

[67] *Wieacker*, Privatrechtsgeschichte S. 446.

[68] *Savigny*, Beruf S. 12.

[69] *Dulckeit-Schwarz*, Römische Rechtsgeschichte S. 263.

lichem und damit rezipiertem Recht werden. Da eine förmliche Rezeption des römischen Rechts durch ein Gesetzgebungsverfahren im 19. Jahrhundert nicht erfolgt ist, könnte daher die sog. „Nachrezeption“ nur durch Gewohnheitsrechtsbildung vor sich gegangen sein. Gewohnheitsrecht setzt aber zu seiner Entstehung eine gewisse Konsolidierung in einer längeren konstanten Praxis voraus. Somit kommt also, wenn überhaupt, nur die Gerichtspraxis als Trägerin der „Nachrezeption“ in Betracht.

Die Gerichtspraxis des 19. Jahrhunderts ist jedoch kaum erforscht. Sowohl die partikularrechtliche als auch die gemeinrechtliche Rechtsprechung ist nach dem Inkrafttreten des BGB ganz in Vergessenheit geraten. Nur durch ihre genaue Untersuchung ließe sich indes Aufschluß über die „Nachrezeption“ gewinnen. Zwar wird man annehmen dürfen, daß sich die „Nachrezeption“ des 19. Jahrhunderts, im Gegensatz zu der Rezeption des 15. und 16. Jahrhunderts, hauptsächlich auf die gemeinrechtlichen Gebiete Deutschlands erstreckt hat. Denn weder in Preußen, noch in Baden, Württemberg oder Österreich sind Anhaltspunkte dafür ersichtlich, daß die romanistische Darstellung dieser Partikularrechte durch Autoren der historischen Rechtsschule[70] die Praxis bewogen hat, von dem geltenden Recht zugunsten des römischen Rechts abzuweichen. Immerhin könnte, etwa durch romanistische Auslegung einzelner partikularrechtlicher Vorschriften, auch in den partikularrechtlichen Gebieten eine geringe Romanisierung herbeigeführt worden sein. — Bei der Untersuchung der gemeinrechtlichen Praxis wäre zu berücksichtigen, daß es in den Gebieten des gemeinen Rechts kein gemeinsames Obergericht gab, sondern nur voneinander unabhängige Obergerichte der deutschen Einzelstaaten. Wenn man also Urteile eines Gerichtshofes fände, in denen die von den Auffassungen des Usus modernus abweichenden Ansichten der historischen Rechtsschule angewendet worden sind, so ließe sich aus dieser Praxis nicht unbedingt ein Schluß auf die Praxis anderer Gerichte ziehen. Gerade die gemeinrechtliche Rechtsprechung ist jedoch so wenig aus den Quellen erforscht, daß man schon deshalb die Berechtigung des Begriffes „Nachrezeption“, wenigstens vorläufig, überhaupt in Frage stellen muß[71].

Ferner ist zweifelhaft, ob wirklich römisches und damit f r e m d e s Recht neu in das Rechtsleben Eingang gefunden hat. Es müßte zunächst geklärt werden, welche Vorschriften des überkommenen römischen Rechts die historische Rechtsschule durch Vorschriften des reinen römischen Rechts ersetzt hat. Erst wenn im einzelnen feststeht, daß und wie sich die Lehren der historischen Rechtsschule von den bis dahin herrschenden unterschieden, kön-

---

[70] Vgl. oben S. 10 FN 62.

[71] Zweifelnd auch *Wesenberg*, SavZRA 67 (1950) S. 472 f. für die Praxis des OAG Dresden; weitergehend *Kiefner*, in: Philosophie und Rechtswissenschaft S. 14 FN 22.

nen nähere Untersuchungen darüber angestellt werden, ob die Praxis die neuen Lehren beachtet hat. Die Dogmatiker der historischen Rechtsschule waren überzeugt, römisches Recht zu lehren. Aber trotz ihrer unleugbaren Gleichgültigkeit gegenüber der praktischen Brauchbarkeit ihrer Rechtssätze, mußten sie doch jeden Rechtsbegriff so bilden, daß darunter nicht nur die Erscheinungen des römischen Rechtslebens, sondern auch die Erscheinungen des beginnenden Industriezeitalters subsumiert werden konnten[72]. Man darf bezweifeln, ob das überhaupt gelingen konnte. Eher ist es wahrscheinlich, daß manche Lehren der historischen Rechtsschule wegen des wiedergewonnenen Ansehens des römischen Rechts auch dann mit dem „Etikett" „Römisches Recht" versehen worden sind, wenn sie sich nur mühsam mit den römischen Rechtsquellen in Einklang bringen ließen. Im Zusammenhang hiermit ist besonders darauf hinzuweisen, daß vom heutigen Standpunkt aus wichtige Lehren der historischen Rechtsschule nur als vermeintlich römisch-rechtliche Lehren angesehen werden können, weil sie, wie die moderne romanistische Forschung gezeigt hat, keineswegs quellengemäß und „rein", sondern vielmehr Ergebnisse einer Quellenauslegung sind, die ihrerseits auf den zeitgenössischen Rechtswertungen des 19. Jahrhunderts beruhen[73]. Teilweise wurde dies schon von den Zeitgenossen Savignys erkannt[74]. Zu nennen sind hier

---

[72] Vgl. hierzu besonders *Ehrlich*, Grundlegung S. 249 ff., 260, 270 ff. (insbesondere S. 272—274).

[73] *Wieacker*, Vom römischen Recht S. 188/189; *Ehrlich*, Grundlegung S. 272; *Koschaker*, Europa S. 282; *Kunkel*, JZ 1962, 462; *Kaser*, JuS 1967, S. 337/338.

[74] Vgl. *Schmidt*, Auslegung, zitiert nach der Besprechung von *Stintzing* in: Krit. Zeitschr. III (1856) S. 58: „Es ist eine Täuschung, daß das justinianische Recht die Quelle des heutigen Gemeinen Rechts ist. Es sind vielmehr die in der Praxis angenommenen Meinungen, theils der theoretischen Schriftsteller, theils die Meinung der mit richterlichen Funktionen beauftragten Juristen, oder mit anderen Worten, der Gerichtsgebrauch, die Quellen, woraus die Normen für die Entscheidungen in den vorgekommenen Fällen entnommen werden." — *Dernburg*, Besprechung von *Ruhstrat*, Ueber Savignys Lehre von der Stellvertretung, Oldenburg 1852, in: Krit. Zeitschr. II (1855) S. 349 kritisiert Savignys Stellvertretungslehre: „Eine der hervorragendsten Eigenschaften Savignys ist sein klarer und scharfer Blick für die Bedürfnisse des heutigen Rechtslebens. Daher stammt vor allem die unbegränzte Autorität, die er in der Praxis ausübt. Daneben läßt sich nicht läugnen, daß er nicht selten das, was er als dem heutigen Rechtsleben ersprießlich erkennt, gewaltsam aus den römischen Quellen zu demonstriren sucht, obgleich diese oft einer ganz anderen antiken oder römischnationalen Anschauung folgen. Wir meinen, daß es sich gerade bei Savignys Darstellung von der Stellvertretung so verhält." — Vgl. außerdem *Scheurl*, Krit. Ueberschau I (1853) S. 324 ff.

Zu berücksichtigen ist auch die Auffassung *Savignys* vom römischen Recht als Muster der Rechts wissenschaft (Beruf S. 114; System I S. 241). Bei der Bedeutung, die Savigny seiner Tätigkeit als einer wissenschaftlichen Tätigkeit beimißt, dürfte das eine Rolle gespielt haben.

insbesondere die für die damalige Zeit bedeutungsvolle Gewohnheitsrechtstheorie[75] der historischen Rechtsschule ebenso wie ihr Eigentumsbegriff[76], ihre Lehre von der Stellvertretung[77] und von der abstrakten dinglichen Übereignung[78].

Im übrigen ist das Verhältnis der historischen Rechtsschule zu den Rechtsquellen, vor allem die Frage, wie sich ihre Autoren im allgemeinen zu den Quellen verhalten, noch wenig erforscht. Es gibt nur wenige Darstellungen, in denen Lehren der historischen Rechtsschule mit dem römischen Recht, so wie es heute verstanden wird, miteinander verglichen werden. Die bisher vorliegenden Arbeiten erhärten aber die These, daß mindestens *Savigny* den Quellen „mit großer Unbefangenheit"[79] gegenüberstand. Schon wegen dieser Unbefangenheit erscheint es kaum gerechtfertigt, von einer Aufnahme fremden Rechts während des 19. Jahrhunderts zu sprechen. Es ist daher sehr zweifelhaft, ob im vorigen Jahrhundert eine „Rezeption" ihrem Wortsinne nach stattgefunden hat.

Der Begriff der „Nachrezeption", der in Anlehnung an die Rezeption des 15. und 16. Jahrhunderts gebildet worden ist, bleibt aber auch dann fragwürdig, wenn man ihn mit dem Wesen der damaligen Rezeption vergleicht. Diese führte zu einer Verwissenschaftlichung des Rechtslebens in Deutschland[80]. Unbestritten liegt ihr Wesen „nicht in der Veränderung von Rechtssätzen, sondern in der Veränderung der Rechtsvorstellung selbst, die sich durch den Übergang der Rechtslehre, Rechtsprechung und Gesetzgebung auf einen Gelehrtenstand vollzog."[81] Mit Rücksicht auf diesen Begriff der „Rezeption" als einer „Verwissenschaftlichung des Rechts" in Deutschland ist die erneute Verwissenschaftlichung des deutschen Rechts[82] durch *Savigny* und seine Schule als „Nachrezeption" bezeichnet worden[83]. Mag einem so verstandenen Begriff der „Nachrezeption" die Berechtigung auch nicht vollständig abzusprechen sein, so bleibt er im ganzen dennoch fragwürdig. Denn die Annahme, daß die deutsche Rechtswissenschaft durch *Savigny* neu begründet worden sei, geht allzu sehr von dem durch die historische Rechtsschule herbeigeführten Vorurteil gegen die Rechtswissenschaft des 17. und

---

75 Vgl. dazu unten S. 94 ff.

76 *Wieacker*, Vom römischen Recht S. 187.

77 *Bauer*, Stellvertretung S. 99.

78 *Felgentraeger*, Einfluß S. 45; *Heck*, Dingl. Rechtsgeschäft S. 43, 45 mit weiteren Nachweisen.

79 *Kiefner*, in: Philosophie und Rechtswissenschaft S. 14 FN 22.

80 *Wieacker*, Gründer und Bewahrer S. 21; *Kunkel*, in: Heidelberger Jahrbücher I (1957) S. 2; *Trusen*, Anfänge des gelehrten Rechts S. 3.

81 *Wieacker*, Privatrechtsgeschichte S. 225.

82 *Stintzing-Landsberg* III, 2 S. 249.

83 *Kiefner*, in: Philosophie und Rechtswissenschaft S. 14 FN 22.

18. Jahrhunderts aus. Insbesondere deren Naturrechtsschule wird man den wissenschaftlichen Charakter nicht absprechen können[84]. Die historische Rechtsschule selbst ist zu Recht als „Fortsetzung des Naturrechts mit anderen Mitteln"[85] bezeichnet worden.

Die hier vorgebrachten Einwände und Vorbehalte gegen die Annahme einer im 19. Jahrhundert erfolgten „Nachrezeption" sind m. E. so schwerwiegend, daß man diesen Begriff besser nicht mehr verwenden sollte.

IV. Der Standpunkt der Praxis

Die Stellung der Praxis zum römischen Recht scheint nach den mitzuteilenden Quellenzeugnissen wesentlich nüchterner gewesen zu sein, als es der Anpreisung des römischen Rechts durch die historische Rechtsschule entsprechen würde. Insbesondere die bewegten Klagen aller Zeitgenossen über die Trennung von Theorie und Praxis sind ein sicheres Indiz dafür, daß sich die Praxis anders verhalten hat, als es die historische Rechtsschule wünschte. Soweit ersichtlich[86], blieb in der Praxis die Auffassung vorherrschend, daß das römische Recht nicht „rein", sondern so anzuwenden sei, wie es sich während seiner jahrhundertelangen Geltung in Deutschland entwickelt hatte. Zwar bemerkt *Buchardi* im Jahre 1857, die Praxis gehe zur Zeit Hand in Hand mit der Theorie; sie habe sich den neuesten wissenschaftlichen Bestrebungen eng angeschlossen; das von den Glossatoren auf die Nachwelt überlieferte römische Recht habe dem reinen römischen Recht weichen müssen[87]. Gegen diese und ähnliche Zeugnisse[88] steht aber die Erfahrung *Jherings*. Als er unter der Leitung eines klugen Praktikers das wirklich geltende Recht kennenlernte, wurde sein Glauben an die Theorie nachhaltig erschüttert. Aus den Erlebnissen jener Zeit stammt sein berühmtes Wort, „daß man den Glauben an die Theorie vollständig verloren haben muß, um ohne Gefahr sich ihrer bedienen zu können."[89]

In der Praxis wurden überaus zahlreiche Entscheidungen gefällt, in denen entgegen den Forderungen der der historischen Rechtsschule angehörenden Romanisten nicht reines, sondern modifiziertes römisches Recht angewendet wurde. Dann aber, wenn ein Rechtsstreit nach unverändertem

---

[84] *Thieme*, SavZGA 56 (1936) S. 202 ff.

[85] *Koschaker*, Europa S. 269.

[86] Vgl. jedoch *Wieling*, Interesse und Privatstrafe S. 182: Abkehr von der bislang herrschenden Auffassung, daß das iuramentum in litem bei allen Klagen zulässig sei, infolge der Lehre der historischen Rechtsschule (vgl. Obergericht *Wolfenbüttel* 1853, *Seuff*. IX Nr. 349; OAG *Lübeck* 1861, *Seuff*. XV Nr. 170).

[87] *Buchardi*, Krit. Zeitschr. IV (1857) S. 32.

[88] Vgl. oben S. 3 f.

[89] *Jhering*, Scherz und Ernst S. 54.

römischen Recht zu entscheiden war, weil Modifikationen nicht eingetreten waren, gab sich die Praxis verschiedentlich genaue Rechenschaft hierüber, gleichsam als wolle sie sich rechtfertigen[90].

Andere Entscheidungen nahmen ausdrücklich Stellung zum „heutigen römischen Recht". Als Beispiel sei ein Urteil des OAG Jena[91] angeführt. Zur unvordenklichen Verjährung bei Servituten[92] bemerken die Urteilsgründe:

> „Daß bei Servituten, welche bloß rein privatrechtliche Verhältnisse zum Gegenstand haben, die Immemorial-Präscription überhaupt keine Anwendung finde, ist ohnlängst von v. Savigny (System des heutigen römischen Rechts Bd. IV § 195 ff.) behauptet und mit gewichtigen Gründen unterstützt worden. Auch wird v. Savigny in Bezug auf das römische Recht kaum zu widerlegen seyn. Allein die über die Gränze des römischen Rechts hinausgehende Anwendung der unvordenklichen Zeit, namentlich auf Servituten ist ein durch Gewohnheit eingefügter neuer Rechtssatz, der in dem heutigen Rechte unbedenklich seine Anwendung finden muß. Das Institut der Immemorialverjährung, wie es gegenwärtig in Deutschland besteht, beruhet keineswegs bloß auf einem Mißverständniß. Das Verhältniß ist vielmehr dieses: das römische Recht erwähnt in einzelnen Stellen sein, in der Anwendung freilich sehr beschränktes Recht der unvordenklichen Zeit. Diese Stellen haben nun die Veranlassung gegeben, nicht bloß das römische Recht in einer mißverstandenen Art und Weise zur Anwendung zu bringen, sondern ein von dem römischen Rechtsinstitute der unvordenklichen Zeit in vielen wesentlichen Punkten abweichendes neues Institut, das der Immemorialverjährung zu gründen. Es beruht dieses allerdings zum Theil auf römischen Rechtsgrundsätzen, aber ebenfalls auf Bestimmungen des canonischen Rechts, der deutschen Reichsgesetze und ganz vorzüglich auf Rechtsgewohnheiten."
>
> „Dieses Institut ist also als ein neues vom römischen Rechte verschiedenes zu betrachten. Es hat ebenso wie jedes andere auf diese Weise gebildete Rechtsinstitut ein Recht auf Bestand und Anerkennung, und diesen Anspruch kann es dadurch, daß nachgewiesen wird, das römische Recht enthalte andere Bestimmungen, durchaus nicht verlieren. ... "

Im Anschluß an diese Darlegungen wendet sich das Gericht[93] unmittelbar gegen Savigny[94]:

---

[90] Großherzogliche Landesregierung zu *Weimar* 1837, *Hellfeld* S. 55/57; auch *Hellfeld* S. 97/99; OAG *Wolfenbüttel* 1838, *Seuff.* XIX Nr. 191; OAG *Lübeck* 1839, *Seuff.* VI Nr. 225; OAG *Celle* 1846, *Seuff.* I Nr. 345; OAG *Celle* 1842, *Seuff.* II Nr. 68 (S. 85); OT *Stuttgart* 1848, *Seuff.* III Nr. 311; OAG *Rostock* 1851, *Seuff.* VI Nr. 139 (S. 176); OAG *Jena* 1855, *Seuff.* X Nr. 18; OAG *Cassel* 1834, 1843, 1844, 1846, *Seuff.* III Nr. 58; OAG *Rostock* 1846, *Buchka* II Nr. 44; OAG *Wiesbaden* 1845, *Flach* III S. 33/35; OT *Berlin* 1852, OTE 22, 171 ff.

[91] OAG *Jena* 1844 (Bestätigung einer Entscheidung der Jur. Fak. *Erlangen*), *Seuff.* V Nr. 250.

[92] Vgl. *Savigny*, System IV § 197 a. E.

[93] OAG *Jena* 1844, *Seuff.* V Nr. 250 (S. 328).

[94] Vgl. *Savigny*, System I S. 94.

„Wäre die unvordenkliche Verjährung auch nicht durch das canonische Recht und die deutschen Reichsgesetze so weit ausgedehnt, so ist doch die dahin gehende Praxis nicht zu bezweifeln, und diese Praxis beruht nicht bloß auf einer mißverstandenen Theorie, welche einer besseren jederzeit weichen müßte, sondern sie beruhet auf einem wirklichen Bedürfnisse, welches, wenn es eine solche Praxis noch nicht herbeigeführt hätte, dieselbe noch herbeiführen müßte. . . . "

In direktem Widerspruch zu *Savignys* Auffassung vom „heutigen römischen Recht" steht auch die Meinung des Geheimen Obertribunals in Berlin[95]:

„Das sogenannte heutige römische Recht ist häufig ein, zur Anpassung auf neuere deutsche Zustände, durch Doctrin und Praxis aus- und umgebildetes Recht Justinians, ja wohl gar seinem Kerne nach ein aus der Natur der modernen Verhältnisse entwickeltes, welches in den Bestimmungen des corpus juris civilis nur eine mehr oder minder starke Anlehnung findet. Und so ist denn da, wo es nicht auf eine ausführliche dogmatische Entwicklung ankömmt, sehr gewöhnlich, für einen Satz des heutigen römischen Rechts Stellen aus dem corpus juris civilis anzuführen, ohne damit behaupten zu wollen, daß er voll, rein und unvermittelt in diesen Stellen liege."

Die Urteile, in denen die Gerichte römisches Recht in der durch deutsches Recht, Gerichtsgebrauch oder Gewohnheitsrecht modifizierten Form anwenden, sind unzählig; sie betreffen Vorschriften aus allen Rechtsgebieten. Eine vollständige Zusammenstellung ist unmöglich[96].

---

[95] OT *Berlin* 1848, *Seuff.* III Nr. 299 (S. 331) = OTE 17, 299/304.

[96] Vgl. z. B.: OAG *Darmstadt* o. D., *Seuff.* I Nr. 350; OAG *Zerbst* 1842, *Seuff.* I Nr. 366; OAG *Lübeck* 1846, *Seuff.* I Nr. 376; OAG *München* 1846, *Seuff.* II Nr. 14; OAG *Oldenburg* 1846, *Seuff.* II Nr. 84 („In den Ländern des gemeinen Rechts ist das römische Recht im ganzen recipirt, soweit nicht durch particularrechtliche Gesetze und Gewohnheiten Abweichungen von dessen Vorschriften angeordnet oder hergebracht sind oder daraus folgeweise abgeleitet werden müssen."); OAG *Oldenburg* o. D., *Seuff.* II Nr. 114; OAG *Celle* 1856, *Seuff.* XIII Nr. 31; OAG *München* 1851, *Seuff.* IV Nr. 227 a. E.; 1860, *Seuff.* XV Nr. 131; OAG *Cassel* 1844, *Seuff.* II Nr. 272; OAG *Dresden* 1841, *Seuff.* II Nr. 284; OAG *Celle* 1846, *Seuff.* V Nr. 37; Jur. Fak. *Marburg* 1851, *Seuff.* V Nr. 77; OAG *Jena* 1836, *Seuff.* V Nr. 301; OAG *Celle* 1838; *Seuff.* V Nr. 322; OAG *Darmstadt* 1839, *Seuff.* VI Nr. 179; OAG *Jena* 1838, *Seuff.* VI Nr. 260; OAG *Lübeck* 1844, *Seuff.* IX Nr. 186 (ein Testament werde durch Eheschließung des Testators nicht vernichtet; die einschlägigen Bestimmungen des römischen Rechts seien so singulärer Natur und so modifiziert, daß eine analoge Anwendung nicht in Betracht komme); OAG *Cassel* 1851, *Seuff.* VII Nr. 195 (die Grundsätze des römischen Rechts über Unwirksamkeit der zwischen dem Vater und seinem Hauskind abgeschlossenen Rechtsgeschäfte erleiden in Deutschland durch einheimische Rechtsnormen wesentliche Modifikationen); OAG *Oldenburg* 1851, *Seuff.* VII Nr. 197 („Grundsatz des alten deutschen Rechts ist, daß alle Personen, welche sich selbst zu schützen nicht im Stande sind, unter der Herrschaft eines anderen stehen. . . . Das ist die väterliche Gewalt des mittelalterlichen deutschen Rechts, und die Aufnahme des römischen Rechts hat die Bedeutung desselben zwar wohl aus den juristischen Lehr- und

Soweit in der Gerichtspraxis nach deutschrechtlichen Vorschriften zu entscheiden war, sind diese beachtet worden. Die Gerichte wandten sich insbesondere ausdrücklich dagegen, die Grundsätze ähnlicher römischrechtlicher Institute anzuwenden[97].

V. Die Bezugnahme auf historische und dogmatische Werke der historischen Rechtsschule in der Gerichtspraxis

Die Autoren der historischen Rechtsschule haben im allgemeinen auf die Bedürfnisse des praktischen Lebens wenig Rücksicht genommen[98]. Es wäre daher nicht verwunderlich, wenn ihre „unpraktischen Werke“[99] von der Rechtsprechung ignoriert worden wären. Betrachtet man indes die in den gedruckten Sammlungen vorliegenden Urteile, so fällt sofort die häufige Bezugnahme auf Autoren der historischen Rechtsschule auf.

Handbüchern, nicht aber aus dem lebendigen Bewußtseyn des Volkes zu verdrängen vermocht.“); OAG *Rostock* 1857, *Seuff.* XIII Nr. 131 = *Buchka* III Nr. 24 (S. 74): „Die dargelegte gemeine Lehre“ (sc. außerordentliche Ersitzung von Servituten) „hat demnach jedenfalls als eine auf der Grundlage des römischen Rechts consequent weitergeführte Rechtsbildung, ungeachtet der entgegenstehenden theoretischen Bedenken, Anspruch auf Fortgeltung.“; OAG *Oldenburg* 1859, *Seuff.* XIV Nr. 44 (nicht rein römischrechtl., sondern mehr deutschrechtliche Auffassung der väterlichen Gewalt als einer Art Schutzherrschaft); OAG *Jena* 1852, *Seuff.* VII Nr. 143; OAG *Rostock* 1858, *Seuff.* XV Nr. 113; OAG *Rostock* 1841, *Seuff.* XVII Nr. 8; OAG *Jena* 1852, *Seuff.* XXII Nr. 88; OT *Berlin* 1853, *StrArch.* 8, 375/378; OAG *Rostock* 1861, *Buchka* IV Nr. 31 (S. 79 ff.: bei Insinuation großer Schenkungen gelten die römischen Vorschriften modifiziert; ausführlicher Nachweis der Modifikationen); OT *Berlin* 1849, OTE 18, 315; OT *Berlin* 1838, OTE 1, 56/61; OLG *Paderborn* 1823, *Simon und Strampff* II S. 397; OAG *München*, o. D., *Arends* I S. 194; OAG *München* 1824, *Du Prel* IV S. 225; AG *Eisenach*, o. D., *Busch* S. 215; AG *Eisenach* 1856, *Busch* S. 223; OAG *Jena* 1856, *Busch* S. 229; OAG *Jena*, o. D., *Busch* S. 239/240; OAG *Jena* (durch Jur. Fak. Erlangen) 1835, *Busch* S. 337; Kreisgericht *Sonderhausen* 1856 und Jur. Fak. *Würzburg*, *Busch* S. 159; Über den Erwerb von Servituten durch Ersitzung bemerkt *Busch* S. 44, die Praxis begünstige entgegen dem Geist des römischen Rechts auffallend den Beweis hierüber: Nachweise bei *Busch* S. 55ff.; OAG *Wolfenbüttel* 1853, *Seuff.* XXIV Nr. 243; OAG *Lübeck* 1850, *Seuff.* VI Nr. 61; *Leipziger Schöppenstuhl*, o. D., *Kind* S. 1/4; OAG *Dresden* 1838, *Ackermann* Nr. 157 (S. 230); OAG *Dresden* 1847, ZfRpfluVerw. NF VII (1848) S. 540; OAG *Wiesbaden* 1852, *Seuff.* XIII Nr. 44; Cassationshof *Wolfenbüttel* 1860, *Seuff.* XVI Nr. 182; OAG *Jena* (durch Jur. Fak. *Heidelberg)* 1839, Seuff. VII Nr. 270: „Allerdings ist das in der gemeinrechtlichen Praxis ausgebildete Institut des possessorii ordinarii nicht rein aus dem römischen Recht abzuleiten, sondern ein durch die vor Verbreitung römischer Ansichten bekannten deutschrechtlichen Grundsätze von der Gewehr, und durch canonisches Recht, das sich den deutsch-rechtlichen Ansichten anschloß, modificirtes Institut, wobei man mit Unrecht, aus Unkenntnis deutschrechtlicher Quellen, immer noch von einem bloßen Mißverstehen des römischen Rechts spricht.“

Die Germanisten der historischen Rechtsschule werden in sehr vielen Entscheidungen angeführt, in denen es auf die Beachtung deutschrechtlicher Vorschriften ankam. An erster Stelle ist zu nennen *Karl Friedrich Eichhorn*, an zweiter *Anton Mittermaier*, an dritter *Georg Beseler*[100]. Auch *Jakob Grimm* hat Beachtung gefunden[101].

Die Germanisten waren sich von Anfang an der Veränderungen bewußt, die das alte deutsche Recht im Laufe der Jahrhunderte erfahren hatte. Sie erforschten auch die Modifikationen des rezipierten römischen Rechts und bemühten sich, das deutschrechtliche Element des gemeinen Rechts herauszuarbeiten. Daß sich die Arbeit der Germanisten in einer gewissen Frontstellung zu den Romanisten vollzog und schließlich zu einem „Gelehrtenkrieg" innerhalb der historischen Rechtsschule führte[102], ist zur Genüge bekannt. Die Gegnerschaft zwischen Germanisten und Romanisten macht sich aber in den

---

[97] Vgl. AG *Dresden* 1844, *Seuff.* II Nr. 44 (S. 98): „Schon im Allgemeinen muß man Institute, welche dem deutschen Rechte eigenthümlich, und dem römischen Rechte fremd sind, nicht nach Analogie der im letzteren Rechte über, dem Anscheine nach, ähnliche Verhältnisse aufgestellten Grundsätze beurtheilen wollen. Dieses ist, besonders in der neuern Zeit, ziemlich allgemein als unwissenschaftlich erkannt, und verworfen worden. Man ist immer mehr zu der Ueberzeugung gelangt, daß bei rein deutschen Rechtsinstituten die ursprüngliche Natur erforscht und aus dieser die Grundsätze, nach welchen sie zu beurtheilen, abgeleitet werden müssen, und daß eine Analogie bestimmter römischer Institute bloß wegen des Vorhandenseyns einzelner ähnlicher Merkmale niemals Platz greifen dürfe..." OAG *Wiesbaden* 1836, *Seuff.* V Nr. 211: „Nach deutscher Rechtsansicht ist die Erbschaftsantretung überhaupt keine Bedingung der Erbschaftserwerbung gewesen" — Bezug auf *Mittermaier* und *Eichhorn* — „und es ist leicht nachzuweisen, daß es zu der größten Rechtsverwirrung führen würde, wollte man auf solche Rechtszustände ohne Unterscheidung damit vereinbarlicher und incompatibler Bestimmungen römisches Recht anwenden..."

OAG *Celle* 1861, *Seuff.* XX Nr. 40; OAG *Lübeck* 1845, Seuff. II Nr. 64 (S. 78: in früherer Zeit hätten die romanisierenden Juristen die Einkindschaft als ein deutsches Analogon zur Adoption oder Arrogation aufgefaßt und behandelt; diese Auffassung entspreche jedoch nicht dem Wesen und dem Zweck des Instituts); OAG *Oldenburg* 1843, *Seuff.* I Nr. 45; OAG *Oldenburg* 1846, *Seuff.* II Nr. 62; Jur. Fak. *Heidelberg* 1838, *Hellfeld* S. 84/85; OAG *Celle* 1848, *Seuff.* V Nr. 183 b; OAG *Jena* 1849, *Seuff.* VIII Nr. 280; OAG *Wolfenbüttel* 1843, *Seuff.* XI Nr. 266; OAG *Jena* 1856, *Busch* S. 225; OAG *Wiesbaden* 1836, *Flach* I S. 68/76; vgl. insbesondere auch das Urteil des Rhein. Cassationshofes vom 26. 1. 1834, in welchem *Savigny* als Referent es ablehnt, römischrechtliche Grundsätze auf ein dem römischen Recht unbekanntes Institut anzuwenden: *Volkmar*, Rhein. Cassationshof S. 240.

[98] Siehe oben S. 3 ff., 33 f.; vgl. ferner *Wolf*, Rechtsdenker S. 520; *Koschaker*, Europa S. 256 f. — *Savigny* hat aber verschiedentlich auf praktische Ergebnisse geachtet: Vgl. *Gmür*, Savigny S. 41 FN 128 mit Nachweisen über die Berücksichtigung der Interessenlage durch Savigny; *Dernburg* (oben S. 41 FN 74), der Savignys klaren und scharfen Blick für die Bedürfnisse des Rechtslebens rühmt; außerdem

Urteilen der Zeit nicht bemerkbar, obwohl auch Praktiker in die Auseinandersetzung zwischen den streitenden Parteien eingriffen[103]. Die Praktiker haben im ganzen eine vermittelnde Haltung eingenommen und die Behauptung der Germanisten, das Recht deutscher Herkunft werde in der Rechtsprechung nicht genügend berücksichtigt[104], zurückgewiesen[105].

Der Vorwurf der Lebensfremdheit wurde vor allem gegenüber den Romanisten der historischen Rechtsschule erhoben[106]. Dieser Vorwurf wiegt um so schwerer, als eine der wichtigsten Domänen der Romanisten, das größtenteils aus römisch-rechtlichen Elementen bestehende Obligationenrecht, in besonderem Maße einer Weiterentwicklung bedurft hätte. Denn das beginnende Industriezeitalter beschwor Probleme herauf (zunehmende Technisierung, Massenarbeit, Verstädterung), die mit den überkommenen juristischen Prinzipien auf die Dauer nur sehr unvollkommen bewältigt werden konnten[107].

Savigny, System V S. 436 Note p und System VI S. 162, 393 f., 403 ff. mit Bezugnahmen auf obergerichtliche Entscheidungen; dazu *Strauch*, Savigny, Briefwechsel mit Bluhme S. 311: Brief Savignys an Bluhme mit der Bitte, zu einer Rechtsfrage die Rechtsprechung des OAG Lübeck mitzuteilen.

[99] Vgl. dazu die o. S. 4 f. mitgeteilten Ansichten über den „Besitz" und das „System".

[100] *Eichhorn*, Einleitung in das deutsche Privatrecht (fünf Auflagen 1823—1845); *Mittermaier*, Grundsätze des gemeinen deutschen Privatrechts (sieben Auflagen 1824—1847); über *Mittermaiers* Zugehörigkeit zur hist. Rechtsschule vgl. *Stintzing-Landsberg* III, 2 S. 433; *Beseler*, Die Lehre von den Erbverträgen.

[101] *Jakob Grimm*, Deutsche Rechtsalterthümer (zwei Auflagen 1828—1854). Bezugnahmen auf dieses Werk bei: Jur. Fak. *Halle-Wittenberg* o. D., *Busch* S. 7; OT *Berlin* 1850, OTE 19, 338/343; 1855, OTE 30, 431/434; 1855, *StrArch.* 15, 13; OAG *Rostock* 1848, *Buchka* II Nr. 33 (S. 194).

[102] *Gierke*, Hist. Rechtsschule S. 13.

[103] Praktiker, die an den Germanistenversammlungen teilnahmen, waren in Frankfurt a. M. 1846 u. a.: LG-Präsident *Bessel*, Saarbrücken, Advocat *Binding*, OT-Rat Prof. *Heffter*, Berlin, OAG-Rat *Hettling*, Wolfenbüttel, OAG-Rat Prof. *Luden*, Jena, OAG-Präsident *Ortloff*, Jena, AG-Rat *Strobel*, Wiesbaden; in Lübeck 1847 u. a.: OAG-Rat *Buchardi*, Kiel, OAG-Rat *Hack*, Lübeck; OT-Rat Prof. *Heffter*, Berlin, OAG-Rat *Hettling*, Wolfenbüttel, OT-Rat Prof. *Homeyer*, Berlin, OAG-Räte *Laspeyres* und *Pauli*, Lübeck. Vgl. Verhandlungen der Germanisten zu Frankfurt 1846 Anlage I; Verhandlungen der Germanisten zu Lübeck 1847, Anlage I.

[104] Vgl. *Reyscher* auf der Germanistenversammlung zu Frankfurt: „Ich habe als Mitglied eines juristischen Spruchkollegiums viele auswärtige Entscheidungen kennengelernt und selbst auch an manchen Erkenntnissen teilgenommen, aber immer gefunden, daß bei Beurtheilung eines Falles zunächst darauf gesehen wird, was das fremde Recht nicht was das einheimische oder die Natur der Sache an die Hand gibt." (Verhandlungen der Germanisten zu Frankfurt 1846 S. 86).

[105] Ein unbekannter Teilnehmer auf der Germanistenversammlung zu Frankfurt erklärte: „Ich habe selbst die Ehre, Mitglied eines Obergerichts in Preußen zu sein

Soweit ersichtlich, hat die Praxis die zahlreichen rein h i s t o r i s c h e n Werke der historischen Rechtsschule so gut wie gar nicht zur Kenntnis genommen. Eine Ausnahme bildet die „Geschichte des römischen Rechts im Mittelalter“ von *Savigny*. Dieses Werk wurde auch von der Praxis beachtet und in einigen Urteilen berücksichtigt[108].

Dagegen sind Urteile, in denen auf die d o g m a t i s c h e n Werke zum römischen Recht Bezug genommen wird, überaus häufig.

Als im Jahre 1840 die ersten drei Bände von *Savignys* „System des heutigen römischen Rechts“ erschienen, wurde das Werk in der Wissenschaft mit Beifall begrüßt[109]. Die Praktiker zeigten sich jedoch in mancher Hinsicht enttäuscht[110]. *Stein* bemerkt, das Werk hätte entweder einen anderen Titel oder der Titel ein anderes Werk verdient. Man müßte es besser „Geschichte der römischrechtlichen Institute“ benennen[111]. Wie Stein scheint auch die Praxis insgesamt vom „System“ mehr erwartet zu haben. Indes ist die Meinung überspitzt und keinesfalls zutreffend, die Praxis habe im „System“ eine Reliquie gesehen, welche man sehr verehrte, von der man aber nur bei feierlicher Gelegenheit Gebrauch gemacht habe, um den Schein der Gelehr-

---

und kann aus eigener Erfahrung versichern, daß bei der jetzt immer mehr nöthig gewordenen Analyse die Anwendung des deutschen Rechts keinen Nachtheil erfahren hat.“ (Verhandlungen der Germanisten zu Frankfurt 1846, S. 184 f.).

[106] Vgl. *Stobbe*, Rechtsquellen I, 2 S. 439; *Jhering*, Scherz und Ernst S. 357; *Mittermaier*, Verhandlungen der Germanisten zu Frankfurt 1846, S. 182 berichtet, von der Praxis werde auf den Universitäten nicht gesprochen; sie werde höchstens „in den Compendien als kleines Schwänzlein zugefügt.“ Vgl. auch *Buß*, Geteiltes Eigentum S. 231.

[107] Es berührt heute eigenartig, wenn z. B. Schadensersatzansprüche aus E i s e n b a h n u n f ä l l e n lediglich nach römischem Recht (Verschuldensprinzip) mit Zitierung der römischen Quellen entschieden wurden: OHG *Mannheim* o. D., *Seuff.* VIII Nr. 52 und 53: Zusammenstoß zweier Züge und Unfall auf Bahnübergang; OAG *München* 1851 und 1853, *Seuff.* X Nr. 164 und XIV Nr. 208: Brand durch Funkenflug; OHG *Mannheim* 1858, *Seuff.* XIII Nr. 235; OAG *Celle* 1855, *Seuff.* XV Nr. 26: Unfälle auf Bahnübergängen. — Die Praxis sah sich hier von der Doktrin im Stich gelassen; vgl. *Wieacker*, Juristenjahrbuch 9 (1968/1969) S. 1 ff. — (Die heutige Zeit kennt ähnliche Probleme — z. B. Produzentenhaftung, fehlgeschlagene Wirkung von Medikamenten —, die von Theorie und Praxis gemeinsam gelöst werden).

[108] OAG *Lübeck* 1852, *Seuff.* VI Nr. 223 (S. 305); OAG *Rostock* 1858, *Buchka* III Nr. 52 (S. 223); OAG *Rostock* 1861, *Seuff.* XVI Nr. 111; OAG *Dresden* 1861, Annalen IV S. 74/77.

[109] Siehe die Rezensionsnachweise in „Kritische Jahrbücher für Deutsche Rechtswissenschaft“, herausgegeben von A. L. *Richter* und R. *Schneider*, Bd. 12 (1840) S. 858.

[110] *Jhering*, Ges. Aufsätze II S. 13.

[111] *Stein*, Dt. Jahrbücher für Wissenschaft und Kunst 1841 S. 382.

samkeit zu wahren[112]. Denn die obersten Gerichte haben *Savignys* „System" benützt, wenn auch nicht so häufig, wie man es auf Grund der überragenden Stellung, die Savigny in der Doktrin einnahm, erwarten würde. Der Grund für diese Zurückhaltung der Praxis liegt wohl darin, daß im „System" nur ein kleiner, allerdings wichtiger Teil des römischen Rechts behandelt wird. Außerdem führt Savigny den Leser oft weite historische Wege, bis er schließlich zum geltenden Recht gelangt. Der geschichtliche Weg war jedoch für die Praxis von geringerer Bedeutung als die gefundenen materiellen Ergebnisse.

Die Häufigkeit der Bezugnahmen auf das „System" in den Gerichtsentscheidungen läßt sich nur schätzen. Es dürfte sich um viele Hundert Urteile handeln[113]. Wie es scheint, hat sich die Praxis, sieht man von der Gewohnheitsrechtslehre[114] ab, durch *Savigny* nicht für bestimmte Lehren besonders beeinflussen lassen, sondern sich bei den verschiedenartigsten Rechtsfragen auf das „System" gestützt. Das „System" gehört zweifellos zu den am meisten benützten Werken der juristischen Literatur in der Gerichtspraxis des vorigen Jahrhunderts[115].

---

[112] *Noellner*, Dt. Juristen S. 102/103.

[113] Aus den teilweise nur sehr unvollständig mitgeteilten Entscheidungsgründen läßt sich insgesamt schwer abschätzen, wie häufig die Gerichte überhaupt Schrifttum anführen. Die gemeinrechtliche Praxis scheint jedoch im allgemeinen mehr Literatur angeführt zu haben, als es heutzutage üblich ist. Für die heutige Rechtsprechung vgl. *Vogel*, Thilo, Zur Praxis und Theorie der richterlichen Bindung an das Gesetz im gewaltenteilenden Staat, Berlin 1969, S. 57; besonders für die Rechtsprechung des BGH vgl. *Schneider*, ZZP 77 (1964) S. 228 ff.

[114] Bei der auch *Puchta* ein maßgeblicher Einfluß zukommt; vgl. u. S. 79 ff.

[115] Vgl z. B.:

System I:

S. 98 OT *Berlin* 1846, OTE 11, 78/82; S. 179 OAG *München* 1843, *Seuff.* II Nr. 149; OAG *Jena* 1861, *Seuff.* XVI Nr. 202; OAG *Lübeck* 1855, *Seuff.* X Nr. 207; S. 190 ff. OAG *Wiesbaden* 1855, *Seuff.* XIII Nr. 204; S. 195 f. OAG *Jena* 1843, *Seuff.* VIII Nr. 283; S. 220, 231 OAG *Wolfenbüttel* 1850, *Seuff.* XI Nr. 236; S. 231 OAG *Lübeck* 1857, *Seuff.* XIII Nr. 151; §§ 12, 18, 25 OAG *Wiesbaden* 1851, *Seuff.* XIII Nr. 1;

System II:

S. 228, 281 OT *Berlin* 1848, OTE 16, 18/22; S. 275 OT *Berlin* 1861, *StrArch.* 40, 133/146; S. 283 OAG *München*, Plenar. S. 216; S. 335 OAG *Lübeck* 1855, *Seuff.* X Nr. 301; S. 387 ff. OAG *Jena* 1842, *Seuff.* VIII Nr. 229; AG *Dresden* 1857, *Ackermann* NF V 15/19; S. 389 OT *Berlin* 1843, OTE 10, 221/224; OAG *Dresden* 1861, Annalen III S. 473/474 f.; S. 390 (Beilage III) OAG *Dresden* 1852, *Ackermann* NF II 313/317; OAG *Lübeck* 1848, *Seuff.* XV Nr. 98; OAG *Wiesbaden* 1849, *Seuff.* XXI Nr. 9; § 97 (S. 336 ff.) OAG *Lübeck* (durch Jur. Fak. *Bonn*) 1859, *Seuff.* XIV Nr. 200;

System III:

S. 40 OT *Berlin* 1860, *StrArch.* 38, 85/87; S. 114, 304, 341, 381 OAG *Jena* 1856, *Seuff.* XI Nr. 58; S. 115 OAG *Lübeck* 1841, *Seuff.* III Nr. 66; S. 131 ff. AG *Dres-*

Das Werk wurde von allen obersten deutschen Gerichten etwa gleich stark benützt. Die Bezugnahmen geschahen aber, entgegen der von *Enneccerus*[116] geäußerten Ansicht, keineswegs unkritisch. Es gibt eine Reihe von Entscheidungen, in denen sich die Gerichte nicht entschließen konnten, den von *Savigny* vertretenen Auffassungen zu folgen[117], jedoch niemals, ohne sich ausführlich mit ihnen auseinander zusetzen. Das gilt vor allem da, wo Savigny entgegen der bisherigen Lehre und Praxis die Rückkehr zum „reinen" römischen Recht verlangt, weil dessen Modifikationen auf „ungesunder Wissenschaft" beruhten[118].

Das in vieler Hinsicht großartige Werk *Savignys* „Das Recht des Besitzes" nimmt in der Praxis die ihm gebührende Stellung ein. Die Meinung *Jherings*[119], der „Besitz" sei ein gänzlich unpraktisches Buch, scheinen die Gerichte nicht geteilt zu haben. Denn es ist kaum eine Entscheidung über besitzrechtliche Fragen zu finden, in der nicht auf *Savigny* Bezug genommen wird. Alle obersten deutschen Gerichte haben seine Besitzlehre ihren Urteilen zugrundegelegt[120]. Ob durch Savignys Besitzlehre die vom Usus modernus

---

den 1856, *Ackermann* NF IX 161/162; S. 135 ff. OAG *Dresden* 1859, Annalen I S. 330; S. 151 AG *Dresden* 1853, *Seuff.* IX Nr. 187; S. 154 OAG *Darmstadt* 1855, *Seuff.* X Nr. 134; S. 173 ff. AG *Dresden* 1853, *Ackermann* NF IV 212/213; S. 241 OAG *Jena* 1845, *Seuff.* XVII Nr. 242; OAG *Rostock* 1861, *Seuff.* XVI Nr. 111; S. 261 OAG *Dresden* 1860, Annalen II S. 532; S. 285—290 OAG *Lübeck* 1847, *Seuff.* II Nr. 20; S. 314 OT *Berlin* 1855, *Seuff.* X Nr. 123; S. 327, 336 OAG *Dresden* 1861, Annalen III S. 265/268 = *Seuff.* VI Nr. 141; S. 331 OAG *Lübeck* 1851, *Seuff.* VI Nr. 105; S. 333 OT *Stuttgart* 1853, *Seuff.* VII Nr. 51; S. 335 OAG *Wiesbaden* 1857, *Seuff.* XV Nr. 195; S. 338 OAG *Wolfenbüttel* 1853, *Seuff.* XXIV Nr. 241; S. 338, 448 f. OAG *Jena* 1852, *Seuff.* V Nr. 291; S. 361 OT *Stuttgart* 1853, *Seuff.* VII Nr. 35; S. 384 OAG *Lübeck* 1855, *Seuff.* X Nr. 114; S. 436 Note a OAG *Lübeck* 1855, *Seuff.* X Nr. 114; S. 448 OAG *Lübeck* 1856, *Seuff.* XIII Nr. 254; S. 449 OAG *München* 1845, *Arends* I S. 239; S. 467 (Beilage VIII) OAG *Wolfenbüttel* 1853, *Seuff.* XXIV Nr. 119; § 114 OAG *Wiesbaden* 1843, *Seuff.* V Nr. 195; § 125 OAG *Wiesbaden* 1851, *Flach* III S. 119/125; § 132 OAG *Oldenburg* 1850, *Seuff.* V Nr. 117; OAG *Wolfenbüttel* 1859, *Seuff.* XIV Nr. 26; § 349 ff. OHG *Mannheim* 1851, *Seuff.* XIII Nr. 126;

System IV:

S. 79—81 OAG *Wiesbaden* 1853, *Seuff.* XIII Nr. 48; S. 86 OAG *Lübeck* 1845, *Seuff.* XIII Nr. 26; S. 88 OAG *Dresden* 1856, *Ackermann* NF VI 264 (Nr. 833); S. 89 OAG *München* 1851, *Seuff.* IV Nr. 118; S. 95 OAG *Dresden* 1861, Annalen IV S. 285/287; S. 126, 215 f. OAG *Wolfenbüttel* 1855, *Seuff.* XI Nr. 241; S. 151 AG *Dresden* 1853, *Ackermann* NF IV 6/7; S. 184 OAG *Rostock* 1856, *Seuff.* XII Nr. 41; S. 199 ff. Urteil eines namentlich nicht genannten Kreisgerichts von 1854, *Tafel* II S. 251/254; S. 261, 275 OAG *Jena* 1857, *Seuff.* XIV Nr. 246; S. 261, 277 Urteil eines namentlich nicht benannten Kreisgerichts 1843, *Tafel* II S. 245; AG *Dresden* 1854, *Ackermann* NF IV S. 6/7; S. 426 OT *Berlin* 1849, OTE 17, 417/421; S. 438 OAG *München* 1853, *Seuff.* VI Nr. 134; S. 482, 509 f. OAG *Jena* 1859, *Seuff.* XI Nr. 5; S. 484, 450, 510, 514 OAG *Dresden* 1853, *Ackermann*

pandectarum überkommenen Lehren ganz oder teilweise verdrängt worden sind[121], kann hier nicht näher untersucht werden[122]. Daß die Praxis jedoch auch der berühmtesten juristischen Monographie des Jahrhunderts nicht völlig unkritisch gegenüberstand, zeigt eine Entscheidung des OAG Oldenburg[123]. Obwohl das Gericht Savigny als „die erste Autorität in der Lehre vom Besitz“ bezeichnet, findet in dem zu entscheidenden Rechtsstreit dessen Meinung keine Billigung. Die Entscheidungsgründe führen unter Bezugnahme auf *Thibauts* „Pandekten“ aus:

„... Savigny, Recht des Besitzes, 6te Aufl. S. 365 f. behauptet: ein procurator universorum bonorum verschaffe dem Principal den Besitz erst von der Ratihabition an, weil in dessen Auftrag dieser einzelne Erwerb nicht enthalten sey. Diese Behauptung ist aber nicht begründet, vielmehr anzunehmen, daß auch durch einen Universalmandatar die ignorantis possessio möglich sey: ... Die Ansicht von Savigny beruht ... auf dem im allgemeinen gewiß richtigen Satz: daß aller Besitz auf das Bewußtseyn physischer Herrschaft über eine Sache gegründet sey. Die Folgerung Savigny's (S. 350): daß durch Stellvertreter nur insofern Besitz erworben werden könne, als der Prinzipal durch des Vertreters Handlungen das

---

NF III 227/228; S. 495 OT *Berlin* 1850, OTE 20, 53/54; S. 524 OAG *Jena* 1856, *Seuff.* XI Nr. 12; S. 542 OAG *Kiel* 1859, *Seuff.* XIV Nr. 9; S. 554 ff. AG *Dresden* 1855, *Ackermann* NF VII 330/337; §§ 142 ff. OAG *Dresden* 1848, *Ackermann* NF VI 152; § 175 OAG *Lübeck* 1852, *Seuff.* V Nr. 168; § 200 (S. 519 ff.) OAG *Lübeck* 1859, *Seuff.* XIV Nr. 205; § 203 AG *Dresden* 1852, *Ackermann* NF III 166/167; § 480 OAG *Oldenburg* o. D., *Seuff.* VI Nr. 144 (zweifelhaft, ob Bezug oder Einfügung des Herausgebers; das Gericht entscheidet gegen die von *Savigny* a. a. O. vertretene Ansicht.);

System V:

S. 256 OT *Stuttgart* 1845, *Seuff.* II Nr. 48; S. 267 AG *Dresden* 1854, *Ackermann* NF IV S. 194/198; S. 285 OAG *Rostock* 1856, *Buchka* II Nr. 20 (S. 42); S. 305—312 OAG *Rostock* 1860, *Buchka* IV Nr. 41 (S. 141/144); S. 305—308 OAG *Rostock* 1848, *Buchka* II Nr. 21 (S. 59); S. 306 OT *Stuttgart* 1846, *Seuff.* IV Nr. 201; S. 311 OAG *Wolfenbüttel* 1859, *Seuff.* XIV Nr. 110; S. 314 AG *Dresden* 1854, *Ackermann* NF VIII S. 3/5, 13, 19; S. 316 OAG *Wolfenbüttel* 1859, *Seuff.* XIII Nr. 231; S. 320 OAG *München* 1846, *Arends* II S. 44; S. 326 ff. OT *Berlin* 1861, *StrArch.* 40, 133/146; S. 419 OAG *Jena* 1851, *Seuff.* XXI Nr. 7; S. 415 OT *Stuttgart* 1856, *Seuff.* XI Nr. 8; S. 523 OAG *Jena* 1856, *Busch* S. 183; § 239 Hofgericht *Dillenburg* 1845, *Seuff.* XV Nr. 127;

System VI:

S. 74 OAG *Lübeck* 1850, *Seuff.* III Nr. 290; S. 102 OAG *Cassel* 1860, *Seuff.* XIV Nr. 11; S. 138—142 OT *Stuttgart* 1858, *Seuff.* XIV Nr. 275 (S. 453 mit Nachweisen der Rechtsprechung anderer OAG); S. 280 ff. OAG *Lübeck* 1857, *Seuff.* XIII Nr. 240; S. 323, 430 OAG *Dresden* 1861, Annalen IV S. 20/21; S. 357 OAG *München* 1847, *Seuff.* I Nr. 367; S. 358 OAG *Dresden* 1854, *Ackermann* NF IX S. 107; S. 447 Note g OHG *Mannheim* 1854, *Seuff.* XII Nr. 92; S. 471 OT *Berlin* 1858, OTE 37, 341/347;

System VII:

S. 4 OAG *Rostock* 1852, *Seuff.* VII Nr. 293; S. 52 OAG *Wolfenbüttel* 1846, *Seuff.* XI Nr. 209; S. 122 OAG *Wolfenbüttel* 1855, *Seuff.* X Nr. 115; S. 131, 176 OAG

Bewußtsyn physischer Herrschaft über eine Sache erlange, beweist aber offenbar zuviel, denn hiernach müßte Savigny den unmittelbar mit der Apprehension eintretenden Besitzerwerb des Principals auch in Ansehung der Specialmandatare läugnen, indem selbst da, wo ein specielles Mandat zur Besitzergreifung gegeben worden, das Bewußtseyn physischer Herrschaft erst dann vorhanden ist, wenn der Principal die Apprehension erfahren hat.

Will man mit dem Leben nicht vielfach in Widerspruch gerathen, will man nicht am Ende dahin kommen, den Besitz derjenigen Sachen zu läugnen, deren Existenz man vergessen hat; so muß man mit dem Erfordernisse des Bewußtseyns physischer Herrschaft sehr vorsichtig umgehen, und insbesondere von dem Principal eines Universalmandatars nicht mehr verlangen als das Bewußtseyn, einen Vertreter zu Erwerbungen jeder Art legitimirt zu haben, indem im übrigen das Bewußtseyn physischer Herrschaft auf Seiten des Mandatars ergänzend hinzutritt. Daß diese Auffassung dem Leben entspricht, ist kaum zu bezweifeln; ...“[124].

Diese Entscheidung macht eine der Schwächen des Werkes über den „Besitz“ offenbar. Sie zeigt auch, daß die Praxis, bei aller Bewunderung für Savignys Leistung, seiner Lehre nur folgte, wenn praktikable Ergebnisse erzielt wurden.

Dresden 1860, Annalen III S. 259/260; S. 136 ff. OAG *Lübeck* 1859, *Seuff.* VI Nr. 105; S. 152 OAG *München* 1850, *Seuff.* III Nr. 189; S. 176 ff. OAG *Dresden* 1858, *Ackermann* NF IX S. 9/12; S. 247—250 OAG *Jena* 1854, *Seuff.* X Nr. 30; § 316 OT *Suttgart* 1856, *Seuff.* XI Nr. 8;

System VIII:

S. 25 OAG *Dresden* 1852, *Ackermann* NF III S. 86/89; S. 187 OAG *Rostock* 1859 *Seuff.* XVI Nr. 89; S. 246, 271 ff. OAG *Wolfenbüttel* 1860, *Seuff.* XIX Nr. 106; S. 261 OT *Berlin* 1853, *Seuff.* XIV Nr. 197; S. 273 OAG *Lübeck* 1857, *Seuff.* XIII Nr. 5; S. 329 OAG *Jena* 1853, *Seuff.* XIV Nr. 106; S. 350—357 OAG *Lübeck* 1850, *Seuff.* VI Nr. 61; §§ 358, 359 OAG *München* 1851, *Glück*, Entscheidungen S. 9; § 371 OT *Berlin* 1853, *StrArch.* 10, 6/7; § 376 OAG *Wolfenbüttel* 1856, *Seuff.* XXIV Nr. 160.

116 *Enneccerus,* Savigny S. 47 (vgl. o. S. 4).

117 Z. B. gegen *System III* S. 132 OAG *Oldenburg* 1850, *Seuff.* V Nr. 117; *System IV* § 154 OAG *Dresden,* o. D., *Seuff.* I Nr. 342; § 158 und § 166 OAG *Lübeck* 1852, *Seuff.* V Nr. 165; § 200 OAG *Lübeck* 1859, *Seuff.* XIV Nr. 205; §§ 195 ff. OAG *Celle* 1859, E V Nr. 3 (ohne ausdrücklichen Bezug); OAG *Rostock* 1861, *Buchka I* Nr. 22; S. 480 OT *Stuttgart* 1846, *Seuff.* I Nr. 170; *System VII* S. 160 OAG *Oldenburg* 1859, *Seuff.* XVII Nr. 113; *System VIII* S. 205 OAG *Oldenburg* 1858, *Seuff.* XVII Nr. 286; vgl. auch die o. S. 44 mitgeteilte Entscheidung des OAG *Jena* 1844, *Seuff.* V Nr. 250.

118 Vgl. dazu o. S. 35 f.

119 *Jhering,* Scherz und Ernst S. 356.

120 Vgl. z. B.: OAG *Wiesbaden* 1839, *Seuff.* I Nr. 222; OAG *Zerbst* 1840, *Seuff.* I Nr. 317; OT *Stuttgart* 1837, *Seuff.* I Nr. 224; OT *Berlin* 1849, *Seuff* III Nr. 348; OAG *Jena* 1849, *Seuff.* IV Nr. 205; OAG *Dresden* 1849, *Seuff.* III Nr. 11; OAG *Lübeck* 1850, *Seuff.* III Nr. 143; OAG *Wiesbaden* 1850, *Seuff.* V Nr. 171; OAG *Jena* 1850, *Seuff.* V Nr. 173; OAG *Wiesbaden* 1839, *Seuff.* VI Nr. 240; OAG *Jena*

Auch *Savignys* „Obligationenrecht als Teil des heutigen römischen Rechts" hat in der Praxis Beachtung gefunden, doch sind die Bezugnahmen hierauf spärlich[125].

Inwieweit *Savigny* als Rechtslehrer durch seine Vorlesungen die Praxis beeinflußt hat, entzieht sich naturgemäß einer genauen Feststellung. Man wird jedoch wenistens einen mittelbaren Einfluß dieser Tätigkeit Savignys annehmen können. Denn die Studenten wurden auf den Universitäten mit den Gedanken der historischen Rechtsschule vertraut, und deren Auffassung über die Rechtswissenschaft des 17. und 18. Jahrhunderts sowie insbesondere über die juristische Literatur jener Zeit[126] dürften nicht ohne Auswirkungen

---

1829, *Seuff.* VI Nr. 291; OAG *Celle* 1840, *Seuff.* VI Nr. 310; OAG *Wiesbaden* 1852, *Seuff.* VII Nr. 42; OAG *Jena* 1829, *Seuff.* IX Nr. 133; OAG *Lübeck* 1841, *Seuff.* X Nr. 229; OAG *Cassel* 1835, *Seuff.* XI Nr. 210; OAG *Wiesbaden* 1850, *Seuff.* XIII Nr. 127; OAG *Jena* 1834, *Seuff.* XIV Nr. 8; OAG *Rostock* 1856, *Seuff.* XVII Nr. 207; OAG *Jena* 1838, *Seuff.* XVIII Nr. 251; OAG *Jena* 1849, *Seuff.* XIX Nr. 151; OAG *Darmstadt* 1861, *Seuff.* XXI Nr. 106; OAG *Oldenburg* 1850, *Seuff.* XXIII Nr. 17; OAG *Wolfenbüttel* 1860, *Seuff.* XXIV Nr. 211; OAG *München* 1849, *Arends* IV S. 33, *Arends* III S. 52.

[121] *Enneccerus*, Savigny S. 29/30.

[122] Vgl. aber z. B. OAG *München* 1832 und OT *Stuttgart* 1837, *Seuff.* I Nr. 224; OAG *Dresden* 1848, *Seuff.* III Nr. 56.

[123] OAG *Oldenburg* 1850, *Seuff.* V Nr. 106.

[124] Vgl. auch OAG *Lübeck* 1842, *Seuff.* IX Nr. 34; OAG *Oldenburg* 1840, 1850, 1851, *Seuff.* VII Nr. 41.

[125] Vgl. z. B.:

Obligationenrecht I:

S. 62 OT *Berlin* 1860, *StrArch.* 38, 85/87; S. 158 OAG *Wolfenbüttel* 1854, *Seuff.* VIII Nr. 102; S. 196 OAG *Oldenburg* 1861, *Seuff.* XV Nr. 18 (S. 27); S. 273—278 ungenanntes Kreisgericht 1857, Tafel III S. 123/124; S. 306 OAG *Dresden* 1860, Annalen III S. 226/227; S. 397 OAG *Wolfenbüttel* 1860, *Seuff.* XIII Nr. 316; § 28, 31 f. OAG *Jena* 1858, *Seuff.* XVII Nr. 202;

Obligationenrecht II:

S. 54 OAG *Dresden* 1861, Annalen IV S. 474/475; S. 135 ff., OAG *Wolfenbüttel* 1855, *Seuff.* IX Nr. 206; S. 151 OAG *Lübeck* 1855, *Seuff.* X Nr. 201; S. 270 OAG *Wolfenbüttel* 1860, *Seuff.* XIX Nr. 136; S. 272 OAG *Jena* 1857, *Seuff.* XII Nr. 143; S. 281 OAG *Rostock* 1856, *Seuff.* X Nr. 150; S. 51 OAG *Darmstadt* 1856, *Seuff.* XI Nr. 149 (das Gericht entscheidet gegen die von *Savigny* a. a. O. vertretene Ansicht).

[126] Vgl. z. B. die kritischen Bemerkungen *Savignys* (Methodenlehre S. 28 ff.) über die Epochen der Rechtswissenschaft, ferner seine teilweise scharfe Kritik an einzelnen juristischen Werken verschiedener Autoren (Methodenlehre S. 53 ff.). Es ist aber für die unterschiedliche Beurteilung dieser Werke in Theorie und Praxis bezeichnend, daß z. B. das von *Savigny* „als das beste und fast einzig brauchbare Werk" (Methodenlehre S. 63) angesehene Buch des H. *Donellus*, Commentarius iuris civilis (mehrere Ausgaben, zuletzt Nürnberg 1800) in den Gerichtsentscheidungen fast nicht angeführt wird.)

auf sie geblieben sein. Allerdings wird man aber den Einfluß der Vorlesungen nicht überschätzen dürfen. Die oben zitierte Äußerung *Jherings*[127] zeigt deutlich, daß die jungen Juristen in der Praxis die dort vorherrschenden Ansichten befolgen mußten, wenn sie nicht scheitern wollten.

Zu den Lehrbüchern, die in der Praxis häufig benützt wurden, gehören auch der „Cursus der Institutionen" und die „Pandecten" von *Puchta.* Jedoch bleiben die Bezugnahmen auf sie deutlich hinter denen auf Savignys Werke zurück[128]. Das gleiche gilt von den Werken anderer romanistischer Autoren der historischen Rechtsschule.

Bei den Praktikern ziemlich beliebt waren auch die Lehrbücher von *Schweppe*[129] und *Mackeldey*[130]. Beide Autoren gehören nicht der historischen Rechtsschule an[131]. *Landsberg* spricht ihren Werken jeglichen wissenschaftlichen Wert ab[132]; das Lehrbuch *Schweppes* sei gar nur als ein für die Paktiker brauchbares Werk anzuerkennen[133].

Neben den Lehrbüchern von Autoren der historischen Rechtsschule konnte sich auch das „System des Pandekten-Rechts" von Anton Friedrich Justus *Thibaut* behaupten[134]. Die Autorität Thibauts in der Praxis wurde durch die historische Rechtsschule nicht beeinträchtigt. Es mag zutreffen, daß Thibauts Bedeutung für die Fortentwicklung der Rechtswissenschaft nicht sehr hoch anzuschlagen ist[135]. Der Erfolg und das Ansehen seines „Systems" in der Praxis stehen jedoch denen des „Systems" *Savignys* kaum nach. Schon der buchhändlerische Erfolg beweist das; denn das „System" *Thibauts* hat allein in der Zeit von 1814 bis 1846, als die historische Rechtsschule in höchster Blüte stand, sechs Auflagen erlebt[136]. *Jhering* schrieb im Jahre 1857: „Wie war es doch möglich, daß ein Lehrbuch des römischen Rechts wie das von Thibaut sich immer noch behaupten konnte, nachdem Savigny eine Reihe von Jahren gewirkt und gelehrt und einen Kreis von thätigen Schülern um sich geschaart hatte."[137]

---

[127] Vgl. o. S. 43; außerdem auch *Reyscher*, o. S. 5.

[128] Vgl. dazu u. S. 73.

[129] „Das römische Privatrecht in seiner heutigen Anwendung". Bd. 1—5, 4. Ausgabe, Göttingen 1828—1833.

[130] „Lehrbuch des heutigen römischen Rechts", 12 (!) Ausgaben, Gießen 1814 bis 1842 (vgl. *Stintzing-Landsberg* III, 2 Noten S. 120).

[131] Über *Mackeldey* und *Schweppe* vgl. *Stintzing-Landsberg* III, 2 Noten S. 120 und 124 f.

[132] *Stintzing-Landsberg* a. a. O.

[133] *Stintzing-Landsberg* III, 2 Noten S. 125.

[134] Zum „System" *Thibauts* vgl. *Stintzing-Landsberg* III, 2 S. 85; *Kiefner*, SavZRA 77 (1960) S. 341.

[135] *Kiefner* a. a. O. S. 341.

[136] *Stintzing-Landsberg* III, 2 Noten S. 35 (Note 33).

[137] *Jhering*, Ges. Aufsätze I S. 22 (= JhDogmJhb. I (1857) S. 25).

Thibauts „System" gehört in der Tat zu den erfolgreichsten Lehrbüchern des 19. Jahrhunderts. Mochte *Savigny Thibaut* als zur ungeschichtlichen Schule gehörig befehden, mochte er einmal jährlich in seiner Vorlesung über Thibaut lächeln[138], die Praxis ließ sich dadurch nicht beeinflussen. Sie schätzte sein Lehrbuch hoch, und die Entscheidungen, in denen sich die Gerichte auf Thibaut berufen, sind unzählig[139]. Indes ist festzuhalten, daß sich die Praxis von Thibaut nicht für bestimmte Lehren beeinflussen ließ. Vielmehr wird sein „System" da zitiert, wo die Gerichte die Autorität eines angesehenen Rechtslehrers zu benötigen glaubten, um ihre eigenen Ansichten zu stützen und zu untermauern.

Bemerkenswert ist, daß die Bezugnahmen auf *Thibaut* auch noch nach dem Erscheinen von *Savignys* „System" und „Obligationenrecht" und *Puchtas* „Pandekten" ungemindert bleiben und erst nach der Jahrhundertmitte nachlassen. Aus dieser Tatsache läßt sich unschwer ersehen, daß es den Richtern nicht auf die Zugehörigkeit eines Autors zur geschichtlichen oder ungeschichtlichen Schule ankam, wenn nur seine Lehren für die Praxis brauchbar waren[140].

Dieser Standpunkt der Praxis zeigt sich besonders deutlich in ihrer Stellung zum Usus modernus pandectarum. *Savigny* hatte über dessen Lehren ein vernichtendes Urteil gefällt. Sein Wort von der „Unkunde und Dumpfheit" in der Literatur jener Zeit, die, was das Recht betrifft, unproduktiv gewesen sei[141], beeindruckte die Praxis nicht. Denn sie hatte es mit dem gemeinen Recht in der Gestalt zu tun, welche die Praktiker des Usus modernus pandectarum dem „Konglomerat von römischem und deutschem Recht" gegeben hatten, um es überhaupt anwendbar zu machen[142]. So nimmt es nicht wunder, daß sehr viele Urteile bis weit in das Jahrhundert hinein auf die älteren Praktiker und die alte Praxis der Gerichte Bezug nehmen[143]. Sehr viele ältere Autoren — *Stryck, Lauterbach, Brunnemann, Mevius, Leyser, Schilter, Noodt, Voet, Boehmer, Hofacker, Wernher, Höpfner, Kind, Carpzov, Struv, Strube, Glück* — werden in den Entscheidungen noch ange-

---

[138] Vgl. dazu *Thieme,* SavZGA 80 (1964) S. 12 mit Nachweisen.

[139] *Noellner,* Dt. Juristen S. 103; *Flach* I S. 41 berichtet, das „System" *Thibauts* befinde sich in den Händen aller Juristen und viele von ihnen hätten die Paragraphenfolge des Werkes „beinahe auswendig" gewußt.

[140] Noch 1871 zählt das OAG *Wolfenbüttel, Seuff.* XXVI Nr. 137 Thibaut zu den „namhaften Schriftstellern" (S. 222); auch ROHG *Leipzig* 1872, *Seuff.* XXVII Nr. 101; *RGZ* 3 (1881) S. 176.

[141] *Savigny,* Beruf S. 119; vgl. auch *Wieacker,* Gründer und Bewahrer S. 112; *Gmür,* Savigny S. 17 f.

[142] *Bender,* Die Rezeption S. 35.

[143] Vgl. insbesondere die von *Kind* und *Ackermann* mitgeteilten Entscheidungen.

führt[144]. Das OT Berlin spricht 1850 von den „mit Recht angesehen gewesenen Praktikern des 17. und 18. Jahrhunderts gegenüber den bloßen Theoretikern im derzeitigen gemeinen Recht."[145]

Ungeniert stellt die Praxis diese alten Autoren[146] in „Zitatennestern" neben die Anhänger der zeitgenössischen „geschichtlichen" und „ungeschichtlichen" Schule. Ebenso wie man *Savigny* und seine Schüler im Verein mit *Thibaut* findet, findet man ihn zusammen mit den Autoren des von ihm so wenig geschätzten und ganz vernachlässigten Usus modernus pandectarum[147].

Verfolgt man die Verwendung der älteren Literatur während der Zeit der historischen Rechtsschule, so fällt auf, daß um die Mitte des Jahrhunderts die Bezugnahmen auf sie merklich nachlassen. Zwar werden die Autoren des 17. und 18. Jahrhunderts auch später noch angeführt, aber lange nicht mehr so häufig wie in der Zeit vorher. Die eigene, auf genaue Kenntnis der Quellen gestützte Exegese macht die Anführung der älteren Juristen mehr und mehr überflüssig.

Soweit in „Zitatennestern" zugleich auf ältere Praktiker und Autoren der historischen Rechtsschule Bezug genommen wird, zeigt dies, daß jedenfalls in einigen Fragen kein Unterschied zwischen der Auffassung der historischen Rechtsschule und der des Usus modernus pandectarum bestand[148]. *Savigny* hatte bereits im Jahre 1815 auf diese teilweise Übereinstimmung hinge-

---

[144] Z. B.: OT *Berlin* 1843, *Seuff.* I Nr. 201; OAG *Lübeck* 1846, *Seuff.* II Nr. 46; OAG *Dresden* 1845, *Seuff.* II Nr. 72; OAG *Lübeck* 1846, *Seuff.* II Nr. 325; OAG *Lübeck* 1848, *Seuff.* II Nr. 354; OAG *Dresden* 1850, *Seuff.* IV Nr. 12; OAG Jena 1849, *Seuff.* IV Nr. 66; OAG *Wiesbaden* 1842, *Seuff.* VI Nr. 23; OAG *Darmstadt* 1843, *Seuff.* VII Nr. 281; OAG *Jena* 1855, *Seuff.* XIII Nr. 96; OAG *Jena* (durch Jur. Fak. *Halle*) 1858, *Seuff.* XIII Nr. 286; OAG *Cassel* 1843, *Seuff.* I Nr. 148; OT *Stuttgart*, o. D., *Seuff.* I Nr. 186; OAG *Dresden* 1849, *Seuff.* III Nr. 4; OAG *München* 1849, *Seuff.* III Nr. 138; OAG *München* 1856, *Seuff.* XVII Nr. 44; OAG *Rostock* 1856, *Seuff.* XVII Nr. 207; OT *Berlin* 1848, OTE 16, 260/266; OAG *Dresden* 1849, *Ackermann* NF I S. 41/42; OAG *Dresden* 1850, *Ackermann* NF I S. 130/131; OAG *Rostock* 1848, *Buchka* I Nr. 31 (S. 110 ff.); OAG *Rostock* (Jur. Fak. *Halle*) 1848, *Buchka* I Nr. 32 (S. 152 ff.).

[145] OT *Berlin* 1850, *StrArch.* 30, 353/358.

[146] Im Sprachgebrauch der historischen Rechtsschule werden die alten Praktiker, im Gegensatz zu den römischen Juristen, als die sog. „neuern Juristen" bezeichnet (vgl. *Jhering*, Scherz und Ernst S. 289, 327 mit durchaus positivem Urteil über diese sog. „Neuern").

[147] Vgl. z. B.: OAG *Lübeck* 1850, *Seuff.* V Nr. 183 a; OAG *Darmstadt* 1855, *Seuff.* X Nr. 134; OAG *Lübeck* 1855, *Seuff.* X Nr. 207; OAG *Rostock* 1856, *Seuff.* XVII Nr. 207; OAG *Rostock* 1848 (Jur. Fak. *Halle*), *Buchka* I Nr. 31 (S. 110 ff.); OAG *Dresden* 1859, Annalen I Nr. 16; vgl. auch *Wesenberg* SavZRA 67 (1950) S. 467.

[148] Vgl. über diese Übereinstimmung auch *Ehrlich*, Grundlegung S. 260.

wiesen[149]. Nach seiner Auffassung bestand zwar ein grundsätzlicher Unterschied zwischen der Methode seiner Schule und der der sog. „ungeschichtlichen" Richtung, nicht aber notwendigerweise zwischen den nach den beiden Methoden gefundenen Ergebnissen. Die Erzeugnisse der geschichtlichen und ungeschichtlichen Schule sähen sich vielmehr oft ganz ähnlich, weil in Wirklichkeit nach einem unmittelbaren Gefühl, weniger nach Grundsatz und Konsequenz gehandelt werde[150]. Gerade in den Fällen, in denen sich die Ergebnisse der älteren Richtung einerseits und der historischen Rechtsschule andererseits nicht voneinander unterschieden, traten die alten Autoren mehr und mehr hinter die Autoren der historischen Rechtsschule zurück und wurden langsam verdrängt. Manche von ihnen haben sich jedoch bis zum Ende des Jahrhunderts in der Praxis behaupten können[151].

3. Kapitel

„NATUR DER SACHE" UND „NATUR DER RECHTSINSTITUTE"

I. „Natur der Sache"

1. Die Lehre

Ebenso wie gegen den Usus modernus pandectarum führte die historische Rechtsschule einen heftigen Kampf gegen das Naturrecht. Im Rahmen der vorliegenden Untersuchung spielt es keine Rolle, daß die historische Rechtsschule, wie die hierzu durchgeführten Forschungen ergeben haben[1], trotz ihrer prinzipiellen Gegnerschaft viele Lehren und Ansichten des Naturrechts übernommen hat. Bedeutsam bleibt allein die Tatsache, daß *Savigny*, nachdem *Kant* die Autorität des Naturrechts im ganzen erschüttert[2] hatte, das Ansehen des Naturrechts und seiner Lehrer nahezu vernichtete[3]. Savignys pauschale Bemerkung über das 18. Jahrhundert, das arm an großen Juristen gewesen sei, in dem ein völlig unerleuchteter Bildungstrieb sich verbreitet habe, ein vielfältig flaches Bestreben in der Philosophie auch an der Jurisprudenz nicht

---

[149] *Savigny*, ZfgRwiss. I (1815) S. 6/7.

[150] *Savigny*, ZfgRwiss. I (1815) S. 6/7.

[151] Z. B. *Voet* und *Glück: RG* 1900, RGZ 46, 213/214; *Glück: RG* 1893, RGZ 31, 156/159; *Struben: RG* 1893, RGZ 31, 187/188.

[1] Vgl. *Wieacker*, Privatrechtsgeschichte S. 272 ff. mit Nachweisen.

[2] *Buschmann*, Geschichtl. Rechtswissenschaft S. 12 f.

[3] Die historische Rechtsschule bekämpfte zwar nur das Naturrecht der Aufklärung mit seinem Anspruch auf zeitlose Geltung seiner Postulate: vgl. dazu *Veit*, Geistesgeschichtl. Standort, in *Maihofer*, Naturrecht S. 46. Der Kampf wurde aber als Kampf gegen das Naturrecht schlechthin verstanden; vgl. *Wieacker*, Gründer und Bewahrer S. 132; *Gmür*, Savigny S. 37 FN 112.

vorübergegangen sei und geschichtlicher Sinn gänzlich gefehlt habe[4], genügte, um Christian *Wolff*, Joachim *Darjes*, Daniel *Nettelbladt*, überhaupt alle Lehrer und Lehren des Naturrechts, auf Jahrzehnte zu verfemen[5]. Die Autorität Savignys diskreditierte das ganze 18. Jahrhundert im Urteil der Zeitgenossen. *Eichhorn* schloß sich Savignys Ansicht an und sprach von einer „niederen wissenschaftlichen Ausbildung"[6], die jene Zeit gekennzeichnet habe. *Puchta* strafte das Naturrecht mit Nichtachtung, indem er es überhaupt nicht erwähnte. Die Stimme *Thibauts*, der Gerechtigkeit und Dankbarkeit gegenüber den älteren Vorgängern forderte[7], verhallte ungehört; jedenfalls zeigte sie bei den Wissenschaftlern des 19. Jahrhunderts keine Wirkung.

In der Gerichtspraxis scheint das Urteil *Savignys* über das Naturrecht nicht die Resonanz gefunden zu haben, die man auf Grund der Autorität des großen Meisters und der fast allgemeinen Anerkennung seiner Schule erwarten würde. Zwar findet man in den Entscheidungen des 19. Jahrhunderts keine Bezugnahmen auf die großen Naturrechtler; die Namen *Wolff*, *Pufendorf*, *Nettelbladt*, *Darjes* werden nirgendwo erwähnt[8]. Dagegen finden sich viele Entscheidungen, die das Schlagwort des Naturrechtszeitalters von der „Natur der Sache" verwenden. Insoweit könnte daher auch noch in der Rechtsprechung des 19. Jahrhunderts eine Nachwirkung des Naturrechts vorhanden sein.

Indes läßt sich aus der rein äußerlichen Tatsache, daß die Gerichte diesen Topos gebraucht haben, nicht ohne weiteres der Schluß ziehen, die Praxis sei insofern noch dem Naturrecht verhaftet gewesen. Denn auch der historischen Rechtsschule war der Begriff der „Natur der Sache" nicht fremd. Es bedarf daher zunächst einer näheren Untersuchung des Inhalts, den dieser Begriff zur Zeit des Naturrechts und der historischen Rechtsschule hatte. Erst im Anschluß daran kann geprüft werden, wie die Praxis in der ersten Hälfte des 19. Jahrhunderts die Formel „Natur der Sache" verwendet hat.

Rechtswissenschaft und Praxis des späten Naturrechts gebrauchten den Ausdruck „Natur der Sache" im naturrechtlichen Sinn[9]. Insbesondere *Thieme* hat auf die Bedeutung der NdS im späten Naturrecht hingewiesen[10]. Kennzeichnend für die Rechtswissenschaft dieser Zeit sind eine Verflachung der

---

[4] *Savigny*, Beruf S. 48.

[5] *Koschaker*, Europa S. 190, 275; *Kunkel*, JZ 1962, 458; *Gmür*, Savigny S. 32 mit Nachweisen.

[6] *Eichhorn*, ZfgRwiss. I (1815) S. 124.

[7] *Thibaut*, AcP XXI (1838) S. 407.

[8] Diese von *Wesenberg*, SavZRA 67 (1950) S. 468 für die Rechtsprechung des OAG Dresden getroffene Feststellung gilt für die gemeinrechtliche Rechtsprechung insgesamt.

[9] *Thieme*, SavZGA 56 (1936) S. 231 ff.

[10] *Thieme* a. a. O.

Argumentation und das Eindringen naturwissenschaftlicher Auffassungen in die Rechtswissenschaft[11]. Beide Elemente finden sich in dem Gebrauch des NdS-Begriffes wieder. Die NdS dient als Schlagwort für (angeblich) allgemein einsichtige Wahrheiten, die einer weiteren Begründung nicht bedürfen. Notwendigerweise bleibt der so gebrauchte NdS-Begriff ziemlich unbestimmt.

Als Rechtsquelle wurde die NdS erst von Justus Friedrich *Runde* im Anschluß an Stephan *Pütter* bezeichnet. Beide verwenden den Begriff aber ganz im naturrechtlichen Sinne und versuchen, mit seiner Hilfe die Quellenschwierigkeiten der sich immer mehr entwickelnden Disziplin des deutschen Privatrechts zu beheben[12]. In seiner Unbestimmtheit hat der NdS-Begriff das Ende des Naturrechtszeitalters überdauert. *Thibaut* gebraucht ihn noch ganz mit dem alten unbestimmten Inhalt[13].

Der historischen Rechtsschule war der NdS-Begriff nicht fremd. *Savigny* selbst hat sich jedoch mit dem Begriff nicht auseinandergesetzt und ihn auch kaum verwendet[14]. Ebenso wie Saginy verhielten sich die anderen Romanisten der historischen Rechtsschule. Dagegen bemühten sich die Germanisten, die NdS für ihre Disziplin des deutschen Privatrechts nutzbar zu machen[15].

Eichhorn verlangte in seinem Programmaufsatz die historische Methode für die Bearbeitung des deutschen Rechts[16]. Durch historische Ergründung sollte die höhere Regel, die rechtliche Idee, aufgesucht werden, durch welche einander ähnliche Institute des deutschen Rechts erklärt werden könnten. Eichhorn verweist auf *Runde*, der den Beweis dafür, daß eine Lehre des deutschen Privatrechts als gemeines Recht betrachtet werden konnte, aus der Natur der Rechtsinstitute folgerte[17]. Nach *Eichhorn* läßt sich die NdS daher definieren als mittels historischer Forschung aufgefundener Begriff und Leitgedanken eines Rechtsinstitutes[18]. Eichhorn nimmt jedoch den so bestimmten Begriff nicht in seine Rechtsquellenlehre auf[19].

---

[11] *Dreier*, Natur der Sache S. 35; *Wolf*, Rechtsdenker S. 426 ff., *v. Stephanitz*, Exakte Wissenschaft und Recht S. 84 ff.

[12] Siehe insbesondere *Dreier*, Natur der Sache S. 36 ff.; *Marx*, Rechtsfindung aus der Natur der Sache S. 71 ff., 96 ff.

[13] *Dreier*, Natur der Sache S. 36; *Marx*, Rechtsfindung aus der Natur der Sache S. 118.

[14] Vgl. *Savigny*, System I S. 55; zur Verwendung des NdS-Begriffes im Intern. Privatrecht vgl. *Neuhaus*, Savigny und die Rechtsfindung aus der Natur der Sache, in: RabelsZ Bd. 15 (1949/50) S. 364 ff.

[15] *Eichhorn*, ZfgRwiss. I (1815) S. 124 ff.

[16] *Dreier*, Natur der Sache S. 42.

[17] *Eichhorn*, ZfgRwiss. I (1815) S. 131.

[18] Vgl. *Dreier*, Natur der Sache S. 43.

[19] Zur Rechtsquellenlehre *Eichhorns* vgl. dessen „Einleitung" §§ 2 ff.

Diesen Schritt hat dagegen *Mittermaier* vollzogen[20]. Ihm folgend ordneten viele Germanisten die Lehre von der NdS als Teil des Juristenrechts in die Rechtsquellenlehre bzw. in die Lückenausfüllungslehre ein[21]. Im Juristenrecht, das dem wissenschaftlichen Recht im Sinne *Savignys* und *Puchtas* angehörte, konnte mit der NdS als eines mittels historischer Forschung gebildeten Begriffes gearbeitet werden.

Im Gegensatz hierzu bezog *Beseler* die NdS in seine Lehre vom Volksrecht ein. Beseler definierte die NdS als ein „Princip, welches in den concret ausgebildeten Rechtsverhältnissen wirksam ist."[22]

Die Romanisten der historischen Rechtsschule verwandten den NdS-Begriff erst, als sich die historische Rechtsschule unter der Führung *Puchtas* mehr und mehr zur dogmatischen Pandektenwissenschaft entwickelte und zunehmend dem wissenschaftlichen Positivismus anhing. Im wissenschaftlichen Positivismus, der wegen des Nichtvorhandenseins eines gemeindeutschen Gesetzbuches den Gesetzespositivismus vertrat, herrschte die Auffassung vor, die fehlenden Rechtsnormen seien aus dem System der gemeinrechtlichen Begriffe abzuleiten. Der Rückgriff auf naturrechtliche oder außerrechtliche Normen war nicht gestattet. Die dadurch begünstigte Begriffsjurisprudenz suchte die Normen aus der „Rechtsnatur" der Institute abzuleiten und stellte dazu den Begriff der Natur der Sache in ihren Dienst. *Puchta* stellte die Regel auf, der Richter habe bei Fehlen von Normen den anzuwendenden Rechtssatz aus den Prinzipien des bestehenden Rechts, nicht aus dem sog. Naturrecht, zu entnehmen; „ausgehend von der Natur der Sache erhält er ihn auf dem Wege der juristischen Konsequenz und Analogie"[23].

Ähnlich formulierte *Wächter*: der Richter müsse die Entscheidungsnorm bei Versagen der Gesetzesanalogie „aus der positivrechtlich gebildeten Natur der Sache und dem Geist des positiven Rechts überhaupt und den demselben zugrunde liegenden Principien"[24] entnehmen. Nach *Mühlenbruch* gehörte zum nicht geschriebenen Recht auch das, was durch konsequente Schlußfolgerungen aus vorhandenen Begriffen abgeleitet werden konnte. Dazu rechnete er „die Berücksichtigung der sog. Natur der Sache, d. h. was aus gewissen allgemeinen Rechtsbegriffen und Entwicklungen abgeleitet werden kann"[25].

Diese kurze Darlegung des Entwicklungsganges zeigt, daß spätestens im fünften Jahrzehnt des 19. Jahrhunderts der NdS-Begriff in den Dienst der

---

[20] *Mittermaier*, Grundsätze § 33 (S. 110 ff.).
[21] Ausführlich *Dreier*, Natur der Sache S. 44 ff.
[22] *Beseler*, System S. 41.
[23] *Puchta*, Pandekten S. 22.
[24] *Wächter*, Handbuch II § 14 (S. 60); vgl. auch Handbuch I § 139.
[25] *Mühlenbruch*, Pandecten I S. 109.

Begriffsjurisprudenz gestellt worden ist. Der äußerlich unveränderte Begriff wurde mit begriffsjuristischem Inhalt erfüllt, der mit dem naturrechtlich unbestimmten Inhalt nur noch sehr wenig gemein hat. Da die Praxis zur Zeit der historischen Rechtsschule den Begriff „Natur der Sache" kannte und in Entscheidungen gebraucht hat, könnten hierdurch unvermittelt und kaum merklich begriffsjuristische Gedanken in die Rechtsprechung eingedrungen sein.

2. *Die Rechtsprechung*

Die Praxis verwendet den Ausdruck „Natur der Sache" während der ersten Hälfte des 19. Jahrhunderts ziemlich häufig. Der Begriff dient den Gerichten einmal dazu, die Anwendung einer römischrechtlichen Vorschrift zu begründen. So argumentiert das OAG München[26] mit der Natur der Sache, um die Richtigkeit des römischen Rechtssatzes zu bekräftigen, daß das Flußufer dem Eigentümer des anstoßenden Grundstückes gehöre: dieser Grundsatz fuße in der Natur der Sache. Ähnlich erklärt das Geheime Obertribunal zu Berlin[27] die römischrechtliche Unterscheidung zwischen natürlichen Flüssen und künstlichen Gräben und Kanälen; sie sei auch in der Natur der Sache begründet. Das OAG Dresden[28] folgert aus der Natur der Sache, daß die Regel „pater est quem iustae nuptiae demonstrant" nicht nur zur Bestimmung der Beweislast bei der ehelichen Vaterschaft gelte, sondern auch dann, wenn eine Ehefrau einen Alimentationsprozeß gegen den Mann anstrenge, der mit ihr die Ehe gebrochen hatte.

In diesen Fällen wird also die Natur der Sache herangezogen, um die Übereinstimmung einer römisch-rechtlichen Vorschrift mit dem Rechtsempfinden der Zeit darzutun. Eine weitere Begründung als die „Natur der Sache" wird nicht gegeben, außer allenfalls, daß das, was sich aus der NdS ergebe, auf einer allgemeinen und breiten Rechtsbasis beruhe[29].

Entscheidungen, die mit den Grundsätzen des geltenden römischen oder deutschen Rechts begründet werden und das so gefundene Ergebnis zusätzlich mit Erwägungen aus der Natur der Sache unterstützen, finden sich ungewöhnlich häufig[30]. Die typische Wendung dieser Argumentationsweise

---

[26] OAG *München* o. D., *Arends* I S. 194 = *Seuff.* I Nr. 2 (S. 4).

[27] OT *Berlin* 1844, OTE 10, 252, 254, 256 = *Seuff.* I Nr. 167.

[28] OAG *Dresden* 1848, *Seuff.* II Nr. 186.

[29] OAG *Jena* o. D., *Seuff.* XVII Nr. 145 (S. 238).

[30] Vgl. z. B.: OAG *Wiesbaden* 1835, *Seuff.* I Nr. 263 = *Flach* I S. 47—50; OAG *Lübeck* 1845, *Seuff.* II Nr. 96; OAG *Dresden* 1844, *Seuff.* II Nr. 284; OAG *Lübeck* 1850, *Seuff.* III Nr. 172 und *Seuff.* V Nr. 70; OAG *Jena* 1842, *Seuff.* V Nr. 317; OAG *Dresden* 1851, *Seuff.* VI Nr. 139; OAG *Jena* 1819, *Seuff.* VII Nr. 333; OAG *Lübeck* 1840, *Seuff.* IX Nr. 218; 1844, *Seuff.* X Nr. 56; OAG *Jena* 1825,

lautet: „Das ergibt sich nicht nur aus einer genaueren Erwägung der hierbei zunächst in Betracht kommenen Stellen des römischen Rechts, sondern auch schon aus der Natur der Sache selbst“[31]; oder: „Diese ganz in der Natur der Sache liegende Rechtsfolge ist in der . . .“ (folgt Vorschrift des römischen oder deutschen Rechts) „ausdrücklich anerkannt worden.“[32] In allen diesen Fällen dient der Begriff der Natur der Sache dazu, die Richtigkeit des positiven Rechts zu bekräftigen und aufzuzeigen, daß das Ergebnis des positiven Rechts mit dem, was sich aus jenem Begriff ergibt, übereinstimmt.

Dazu im Gegensatz stehen Entscheidungen, in denen mit Überlegungen aus der Natur der Sache die Anwendung des positiven Rechts bzw. die Berücksichtigung bestimmter Gelehrtenmeinungen abgelehnt wird oder in denen Argumente aus der Natur der Sache wegen entgegenstehenden positiven Rechts unberücksichtigt bleiben.

Nach der Auffassung des OAG Lübeck[33] liegt es in der Natur der Sache, daß der Grundsatz des römischen Rechts, nach welchem die gewaltsame Besitzentziehung zum Schadensersatz verpflichtet, auf die Obrigkeit keine Anwendung finde.

Das OAG Oldenburg wendet sich mit dem Argument „Natur der Sache“ gegen *Savignys* Meinung, daß aus bloßem Stillschweigen eine „Einwilligung“ (d. h. Einverständniserklärung) nur in den im Corpus iuris dementsprechend geregelten Fällen entnommen werden könne[34].

Umgekehrt argumentiert das OAG München, bei deutlichen Anordnungen des Gesetzgebers hätten entgegenstehende Folgerungen aus der Natur der Sache keinen Raum[35]. Das OAG Jena schließlich schiebt die mit der Natur der Sache begründete Ansicht, daß juristische Personen keinen Besitzwillen haben können, gestützt auf die Grundsätze des römischen Rechts beiseite[36].

In fast keinem dieser Urteile[37] wird näher ausgeführt, was die Gerichte unter „Natur der Sache“ verstehen. Die Argumentation bleibt unbestimmt

---

Seuff. VIII Nr. 142; Spruchkollegium *Erlangen* 1838, *Seuff.* VIII Nr. 136; OAG *Dresden* 1850, *Seuff.* VIII Nr. 269; OAG *Lübeck* 1849, *Seuff.* IX Nr. 218; OT *Stuttgart* 1857, *Seuff.* XII Nr. 117; OAG *Cassel* 1858, *Seuff.* XII Nr. 306; OT *Berlin* 1854, *StrArch.* 15, 137/138; OAG *Rostock* 1845, *Buchka* III Nr. 26 (S. 87); OAG *Dresden* 1859, Annalen I Nr. 6; OAG *Wiesbaden* 1835, *Flach* I S. 45/48.

[31] OAG *Lübeck* 1850, *Seuff.* IX Nr. 218.

[32] OAG *Rostock* 1845, *Buchka* III Nr. 26 (S. 87); vgl. auch noch OAG *Wiesbaden* 1835, *Seuff.* I Nr. 263; OAG *Dresden* 1847, *Seuff.* I Nr. 348.

[33] OAG *Lübeck* 1830, *Seuff.* V Nr. 26.

[34] OAG *Oldenburg* 1850, *Seuff.* V Nr. 117.

[35] OAG *München* 1849, *Seuff.* III Nr. 138.

[36] OAG *Jena* 1849, *Seuff.* IV Nr. 205.

[37] Vgl. noch: OAG *Dresden* 1847, *Seuff.* I Nr. 371; OT *Stuttgart* 1845, *Seuff.* II Nr. 48; OT *Stuttgart* 1856, *Seuff.* II Nr. 56; OAG *Dresden* 1848, *Seuff.* II Nr.

und dunkel. Wenn jedoch eine nähere Begründung gegeben wird, dann handelt es sich, genau wie zur Zeit des Naturrechts, um Gedanken, denen die Idee des (angeblich) allgemein Einsichtigen, Vernünftigen und Zweckentsprechenden zugrunde liegt. Ein typisches Beispiel bieten die Entscheidungsgründe eines Urteils des OAG Jena[38]. Nachdem das Gericht unter Bezugnahme auf ein Gewohnheitsrecht des Handelsstandes dargelegt hat, daß das römischrechtliche Verbot des Nehmens von Zinseszinsen unter Kaufleuten keine Geltung mehr habe (Bezug auf *Savigny*, System I S. 179), dies aber als eine Ausnahme zu betrachten sei, erklärt es in den Entscheidungsgründen:

> „Auch spricht für diese Ausnahme die Natur der Sache, indem der Kaufmann, der seinem Geschäftsfreund einen offenen Credit bewilligt, das hierzu erforderliche Geld oft längere Zeit bereit halten, oder plötzlich mit besonderen Unkosten herbeischaffen muß und sich somit in einer schlimmern Lage befindet, als der Geld verleihende Privatmann."

Von einem mittels historischer Forschung aufgefundenen Begriff und Leitgedanken im Sinne *Eichhorns*[39] kann bei dieser Verwendung des NdS-Begriffes nicht die Rede sein. Nach *Puchta* hätten die Gerichte in diesen Fällen die NdS überhaupt nicht anführen dürfen[40], da sie ihre Entscheidung dem positiven Recht unmittelbar entnehmen konnten, ein Rückgriff auf allgemeine Grundsätze somit nicht gestattet war.

Es ist auffällig, daß alle obersten deutschen Gerichte den Begriff der Natur der Sache in seiner naturrechtlichen Unbestimmtheit verwenden. Die gemeinrechtliche Rechtsprechung hat den Begriff mit diesem Inhalt ebenso häufig gebraucht wie diejenigen Gerichte, welche aus dem späten Naturrecht stammende Gesetze anzuwenden hatten. Das ist um so erstaunlicher, als den Praktikern die in der Literatur herrschenden Ansichten[41] zweifellos bekannt

---

169 und Nr. 194; OAG *Lübeck* 1846, *Seuff.* II Nr. 290; OAG *Lübeck* 1847, *Seuff.* III Nr. 57; 1834, *Seuff.* III Nr. 172; OAG *Jena* 1837, *Seuff.* IV Nr. 216; OAG *München* 1847, *Seuff.* I Nr. 306; Jur. Fak. *Würzburg* für OAG *Jena* 1830, *Seuff.* V Nr. 266; OAG *Lübeck* 1847, *Seuff.* VI Nr. 69; OAG *Lübeck* 1850, *Seuff.* VI Nr. 121; OAG *Jena* 1836, *Seuff.* VIII Nr. 151 (S. 217); OT *Stuttgart* 1855, *Seuff.* IX Nr. 30; OAG *München* 1855, *Seuff.* X Nr. 196; OAG *Wiesbaden* 1848, *Seuff.* XII Nr. 149; OAG *München* 1856 und 1859, *Seuff.* XII Nr. 261 und *Seuff.* XIII Nr. 105; OAG *Kiel* 1860, *Seuff.* XIV Nr. 111; OT *Stuttgart* 1861, *Seuff.* XV Nr. 180; OAG *Jena* 1861, *Seuff.* XVI Nr. 202; OAG *Jena* 1827, *Seuff.* XVII Nr. 124; OAG *Jena* 1843 und 1847, *Seuff.* XVII Nr. 250 und *Seuff.* XVII Nr. 130; OT *Berlin* 1852, *StrArch.* 6, 16/21; OAG *Jena* 1831, *Hellfeld* S. 8/10; OHG *Mannheim*, o. D., *Seuff.* XI Nr. 121 (S. 178: es liege in der Natur der Sache, daß eine Sache sich nicht selbst dienen kann).

[38] OAG *Jena* 1861, *Seuff.* XVI Nr. 202 a. E.

[39] Vgl. oben S. 60.

[40] Vgl. oben S. 61.

[41] Vgl. oben S. 60 f.

waren, und außer in Preußen[42], die Gerichte nirgends gehalten waren, die Natur der Sache zu berücksichtigen.

Man kann daher nicht umhin festzustellen, daß die Rechtsprechung trotz der Hinwendung der historischen Rechtsschule zum rechtswissenschaftlichen Positivismus und zur Begriffsjurisprudenz wenigstens in einem Teilbereich an naturrechtlicher Denkweise festgehalten hat. Der Einfluß der historischen Rechtsschule in der Praxis reichte nicht so weit, daß er die bequeme, aus dem Naturrecht übernommene Argumentation aus der Natur der Sache verdrängt hätte[43].

II. „Natur der Rechtsinstitute"

Neben den Entscheidungen, in denen der Begriff der Natur der Sache seinem naturrechtlichen Inhalt gemäß verwendet wird, finden sich Urteile, die mit den den Rechtsinstituten innewohnenden Grundsätzen begründet werden. Die Gerichte gebrauchen hierfür die Ausdrücke „Natur" — und seltener — „Wesen", „Begriff" der Rechtsverhältnisse und ziehen daraus Schlußfolgerungen für die zu treffende Entscheidung.

Diese Urteile sind deswegen bemerkenswert, weil sie sich einer Methode bedienen, die einerseits schon Christian *Wolff*[44], *Pütter* und *Runde*[45] verwendet hatten und die andererseits unter dem Einfluß *Puchtas* von der Begriffsjurisprudenz des 19. Jahrhunderts angewendet worden ist[46]. Im

---

[42] In der Allerhöchsten Kabinets-Ordre vom 13. Juni 1842 an den Justizminister (Justiz-Ministerial-Blatt S. 214) wird dieser aufgefordert, sein Augenmerk auf die Beachtung der Natur der Sache zu richten: „Haben die Gerichte nur an dem Buchstaben des Gesetzes festgehalten und die in der Natur der Sache selbst liegenden Verhältnisse unberücksichtigt gelassen, so fordere ich Sie auf, im Allgemeinen auf die Beseitigung eines solchen der wahren Bestimmung der Gerichte wenig entsprechenden Verfahrens einzuwirken." (Zitiert nach OT *Berlin* o. D., OTE 14, 68/79). — Das Geheime Obertribunal Berlin führt in einem Urteil diese Kabinets-Ordre an und meint, es könne darauf „nicht oft genug eindringlich" verwiesen werden (OT *Berlin* a. a. O.). — Bemerkenswert an dieser Kabinettsorder ist der Zeitpunkt ihres Erlasses: Sie erging, als sich in der Rechtswissenschaft die historische Rechtsschule, deren hervorragendste Vertreter an der Universität Berlin lehrten, als herrschende Richtung durchgesetzt hatte. Außerdem gehörte in diesem Zeitpunkt *Savigny* als Gesetzgebungsminister dem preußischen Kabinett an (durch Kabinets-Ordre vom 28. Februar 1842 wurde, getrennt von der Justizverwaltung, das Gesetzgebungsministerium eingerichtet und *Savigny* an dessen Spitze berufen; siehe *Stintzing-Landsberg* III, 2 S. 235).

[43] Zur Verwendung des Begriffs in der heutigen Rechtsprechung siehe *Schambeck*, Der Begriff der „Natur der Sache" S. 93 ff.; *Grimmer*, Klaus, Die Rechtsfiguren einer „Normativität des Faktischen" Berlin 1971, S. 24 f. mit weiteren Nachweisen.

[44] *Wieacker*, Privatrechtsgeschichte S. 319 f.

[45] Beispiele bei *Marx*, Rechtsfindung aus der Natur der Sache S. 38—42.

[46] Vgl. oben S. 61.

19. Jahrhundert wurde die Ableitung von Rechtssätzen aus der Rechtsnatur der Institute die herrschende Methode in der deutschen Rechtswissenschaft[47]. Während aber etwa *Pütter* und *Runde* den sozialen Hintergrund der Rechtsinstitute nie aus den Augen verloren[48], blieb dieser von der Begriffsjurisprudenz des 19. Jahrhunderts gänzlich unberücksichtigt. Die Begriffsjurisprudenz entfremdete sich „von der gesellschaftlichen, politischen und moralischen Wirklichkeit des Rechts"[49].

Es ist fraglich, ob die Rechtsprechung in der ersten Hälfte des 19. Jahrhunderts nach der begriffsjuristischen Methode verfahren hat, vor allem, ob sie deren grundlegendem Fehler verfallen ist, Rechtssätze ohne Rücksicht auf ihren „practischen Endzweck"[50] zu finden und anzuwenden. Auch im Rahmen der vorliegenden Abhandlung kann diese Frage nicht abschließend beantwortet werden; denn es würde die Kraft eines einzelnen übersteigen, Tausende von Urteilen zu lesen und auf ihren begriffsjuristischen Inhalt hin zu analysieren. Es soll lediglich ein erster Versuch dazu unternommen werden.

Das OAG Jena[51] argumentiert mit der „Natur der ehelichen Vormundschaft", ohne sie allerdings näher zu bestimmen:

> „Wo das Recht der ehelichen Vormundschaft gilt, ist der Ehemann ohne weiteres befugt, ein der Frau gehöriges Capital einzuklagen. ... Es würde gegen die *Natur der ehelichen Vormundschaft*[52] seyn, wenn man die Rechte des Ehemannes auf Erhebung der Zinsen beschränken wollte. Als Verwalter hat der Ehemann das in der Administration begriffene Recht, die Pflicht sogar, die Forderungen einzucassiren, ohne daß es erst eines besonderen Auftrages bedürfte, weil er alles thun muß, was eine gute, zweckmäßige Verwaltung erfordert. Daher kann man die Legitimation zur Eincassirung der Forderungen nicht von einer Einwilligung des Eheweibes abhängig machen. ..."

Nach Auffassung des OAG München darf „das Gewohnheitsrecht *seiner Natur nach* nicht nach den gesetzlichen Bestimmungen über Verjährung beurtheilt werden"[53]. Nähere Ausführungen darüber, worin die Natur des Gewohnheitsrechts besteht, werden nicht angestellt.

---

[47] *Wieacker* Privatrechtsgeschichte S. 320.

[48] *Marx*, Rechtsfindung aus der Natur der Sache S. 38 ff.

[49] *Wieacker*, Privatrechtsgeschichte S. 401; vgl. auch *Heck*, Problem der Rechtsgewinnung S. 18. — Die Kritik dieser Methode muß hier auf sich beruhen. Siehe dazu *Heck*, Begriffsbildung S. 93 ff.; *ders.*, Problem der Rechtsgewinnung S. 17 ff.; *Ehrlich*, AcP 115 (1917) S. 125 ff.

[50] *Jhering*, Scherz und Ernst S. 347.

[51] OAG *Jena* 1832, *Seuff.* II Nr. 301.

[52] Hervorhebung — auch im folgenden — vom Verfasser.

[53] OAG *München* 1849, *Seuff.* III Nr. 255.

In gleicher Weise verfährt das OT Berlin bei der Frage, ob der Tod eines Kaufmanns den diesem als Vorsteher eines Geschäftsbetriebes erteilten Auftrag, eine bestimmte Sache für den Auftraggeber zu verkaufen, aufhebe. Das Gericht vereint die Frage und begründet dies mit der „inneren *rechtlichen Natur des Auftrages* und des zu besorgenden Geschäfts", bei dem es sich nicht um einen höchstpersönlichen Auftrag handele[54].

Auch das OAG Lübeck argumentiert in dieser Weise: Bei der obrigkeitlichen Verwaltung des Schuldnervermögens seien die Verwalter auf Grund ihrer Stellung befugt, die possessorische Klage zu erheben. Diese Befugnis ergebe sich „aus dem dem Schuldner zustehenden Besitz, vermöge der *rechtlichen Natur* des Instituts" (sc. Verwaltung) „und kraft ihrer Anstellung . . ."[55].

In allen Entscheidungen dieser Art[56] argumentieren die Gerichte aus der „Natur" eines Rechtsverhältnisses, ohne daß man feststellen kann, worin sie besteht und woraus sie sich ergibt. Zwar sind alle auf diese Weise gefundenen Ergebnisse einsichtig. Ihre Begründung aber ähnelt unverkennbar der Argumentation aus der Natur der Sache. Auch hier werden aus vorhandenen, nicht weiter ableitbaren rechtlichen Gegebenheiten („Natur") Rechtssätze „gefunden" und Entscheidungen gefällt.

Wie relativ und wandelbar die angeblich feststehende und sichere „Natur" eines Rechtsverhältnisses aber sein kann, zeigt deutlich ein Urteil des OAG Darmstadt[57]. Das Gericht hatte sich mit der Frage zu befassen, ob ein Meister seinen Lehrling züchtigen dürfe. Nach der Feststellung, daß bereits nach den positivrechtlichen Vorschriften des römischen Rechts eine leichte Züchtigung — levis castigatio — erlaubt sei[58], fahren die Entscheidungsgründe fort:

„Allein selbst wenn man, um jene Frage zu beantworten, zu Analogien

[54] OT *Berlin* 1848, *Seuff.* III Nr. 319.

[55] OAG *Lübeck* 1835, *Seuff.* V Nr. 24.

[56] Vgl. noch: OAG *Kiel* 1842, *Seuff.* VI Nr. 51 (S. 69: Testamente weichen „vermöge ihrer *Natur* und Wirkung" von den Rechtsgeschäften unter Lebenden ab.); OAG *Wiesbaden* 1836, *Seuff.* I Nr. 254 (allg. Natur der deutschen Erbleihe); OAG *Oldenburg* 1846, *Seuff.* II Nr. 62 (eigentümliche *Natur* des deutschrechtlichen Grundsatzes „längst Leib längst Gut"); OAG *Dresden* 1849, *Seuff.* III Nr. 48 (*Natur* des Pfandrechts); OAG *München* 1846; *Seuff.* VI Nr. 30 (S. 44: *Natur* eines Anstellungsvertrages); OAG *Celle* 1852, *Seuff.* V Nr. 264 (*Natur* der Stundung); OAG *Celle* 1852, *Seuff.* VI Nr. 292 (*Natur* des ehelichen Verhältnisses); Jur. Fak. *Berlin* 1841, *Seuff.* VII Nr. 24 (S. 28: *Natur* des Darlehens); OAG *Celle* 1847, *Seuff.* VII Nr. 217 (*Natur* des deutschrechtlichen Instituts der Interimswirtschaft); OAG *Jena* 1851, *Seuff.* VIII Nr. 285 (*Natur* der deutschen Reallasten); OT *Berlin* 1851, *StrArch.* 1, 247/248 (*Natur* der Realservituten).

[57] OAG *Darmstadt* 1855, *Seuff.* IX Nr. 71 (S. 90/91).

[58] Fr. 5 § 3 ad legem Aquil. (9, 2); fr. 13 § 4 locati conducti (19, 2) = nach heutiger Zitierweise: D. 9.2.5.3; D. 19.2.13.4.

und allgemeinen Rechtsgrundsätzen, insbesondere der Natur des zwischen dem Meister und seinem Lehrjungen stattfindenden Verhältnisses seine Zuflucht nehmen müßte, würde dies unbedenklich zu bejahen seyn. Der Meister ist verbunden, den Lehrling fleißig und gründlich in allem, was zu dem Gewerbe gehört, zu unterrichten. Dagegen ist der Lehrling verpflichtet, dem Meister Gehorsam zu leisten und dessen Disciplin im allgemeinen unterworfen. Die Lehrzeit beginnt in der Regel im 14ten Lebensjahr des Lehrlings, zu einer Zeit also, zu welcher mit dem Menschen wesentliche Veränderungen vorgehen, wo der junge Bursche seine Kräfte fühlt und das rasche Blut ihn leicht zu unbesonnenen Streichen und Uebermuth führt, wo zwar die gewöhnliche Schulzeit beendigt, seine Erziehung aber noch keineswegs vollendet ist. Gerade in diesem Alter bedarf es deßhalb in der Regel der strengsten Zucht, und so gewiß es ist, daß gerade in jenem Alter die meisten Auflehnungen gegen die häusliche Ordnung verübt zu werden pflegen, so gewiß erscheint auch dafür, wenn Ermahnungen und Tadel fruchtlos geblieben sind, in den meisten Fällen die vorübergehende und der Auflehnung auf dem Fuße folgende körperliche Züchtigung als das wirksamte und beste Besserungsmittel."

Die Richtigkeit der pädagogischen Ausführungen des Gerichts kann hier dahinstehen. Nach heutiger Rechtsansicht ließe sich aber ein Züchtigungsrecht aus der „Natur" eines Lehrverhältnisses schwerlich begründen. Es war schon in der zweiten Hälfte des 19. Jahrhunderts umstritten, ob ein solches Recht noch zeitgemäß sei. Das Züchtigungsrecht des Lehrherrn wurde denn auch zunächst eingeschränkt[59] und schließlich gesetzlich beseitigt[60]. Ebenso widerspricht es heutigen Ansichten, daß „dem Dienstherrn ein mäßiges Züchtigungsrecht als schon in der Natur der häuslichen Gesellschaft begründet"[61] einzuräumen sei, wie das Gericht annahm. Aus dieser Entscheidung ergibt sich mit hinreichender Deutlichkeit, daß die „Natur" eines Rechtsverhältnisses nicht aus rechtlichen Erwägungen abgeleitet wurde, sondern daß es in Wirklichkeit allgemein menschliche Erfahrungen und zeitbedingte Vorstellungen waren, die zu diesem Zweck herangezogen wurden.

Neben den Entscheidungen, die mit der „Natur" eines Rechtsinstituts begründet werden, finden sich Urteile, die aus dem „Wesen" der Rechtsinstitute Folgerungen ziehen[62]. In diesen Urteilen wird aber des öfteren auf

---

[59] Vgl. § 127 a II GewO i. d. F. des Gesetzes vom 26. 7. 1897 (RGBl. I S. 663).

[60] § 127 a II GewO i. d. F. des Gesetzes vom 27. 12. 1951 (BGBl. I S. 1007). § 106 I Ziff. 2 des Berufsbildungsgesetzes vom 14. 8. 1969 (BGBl. I S. 1112) hob die Vorschriften der GewO über das Lehrlingsverhältnis auf und ersetzte sie durch eine umfassende Regelung des Ausbildungsverhältnisses. Vgl. außerdem das Züchtigungsverbot in § 43 des Gesetzes zum Schutze der arbeitenden Jugend (Jugendarbeitsschutzgesetz) vom 9. 8. 1960 (BGBl. I S. 665).

[61] OAG *Darmstadt* a. a. O. S. 92.

[62] Siehe etwa: OAG *München* 1846, *Seuff.* II Nr. 57 (S. 65; Bezug auf *Savigny*, System V S. 527); OAG *Wiesbaden* 1840, *Seuff.* I Nr. 174; OAG *Lübeck* 1845, *Seuff.* II Nr. 64; OAG *Dresden* 1844, *Seuff.* III Nr. 48; OAG *Jena* 1850, *Seuff.*

diejenigen positiven Normen hingewiesen, aus denen sich jenes „Wesen" ergibt. So leitet das OAG München[63] das Wesen der condictio sine causa aus den Bestimmungen des römischen Rechts ab. Ebenso verfährt das OAG Wiesbaden[64] bei der Frage nach dem Wesen der römischrechtlichen Tradition. Die diesen Entscheidungen zugrundeliegende Methode der Rechtsfindung entspricht ziemlich genau der von *Puchta* aufgestellten Regel, der Richter habe bei Fehlen von Rechtsnormen den anzuwendenden Rechtssatz aus den Prinzipien des bestehenden Rechts zu entnehmen[65]. Solche Entscheidungen sind aber nur verhältnismäßig selten anzutreffen.

Schließlich sind Urteile anzuführen, die eine Entscheidung aus dem „Begriff" eines Rechtsinstituts fällen und ausdrücklich das Wort „Begriff" verwenden. Das OT Berlin[66] hebt ein Urteil der Vorinstanz auf, weil dessen Begründung insoweit falsch sei, „als der *Begriff* einer res litigiosa, wie solcher aus den römischrechtlichen Vorschriften zu construiren ist, unrichtig aufgefaßt" sei. In einer Entscheidung des OAG München[67] heißt es:

> „Bei vorhandener ehelicher (allgemeiner) Gütergemeinschaft, welche ihrer Natur und ihrem *Begriffe* nach an sich die Bestellung einer dos und einer donatio propter nuptias ausschließt, kömmt eben deßhalb dem unschuldigen Theil das Recht zu, den vierten Theil desjenigen Vermögens zu verlangen, welches der schuldige Theil aus der Gemeinschaft, die durch die Ehescheidung aufgehoben wird, zurückerhält, ..."

In einem Urteil desselben Gerichts aus dem Jahre 1850 wird ausgeführt, zum *Begriff* der Servitut gehöre es, daß der Eigentümer der dienenden Sache etwas dulde oder unterlasse[68]. Das OAG Celle bemerkt, daß Reallasten nicht unter den „*Begriff* der Servituten" fallen[69]. In einem Urteil des OT Berlin[70] wird ausgesprochen, es folge aus dem *Begriff* und Wesen des Vertrages, daß er nur zwischen den Parteien Wirkungen erzeuge. Das OAG Parchim[71] stellt die Meinungen zum *Begriff* des dinglichen Rechts dar und baut darauf seine Entscheidung. Nach Ansicht des OAG Wolfenbüttel[72]

V Nr. 87; OAG *Dresden* 1852, *Seuff.* VII Nr. 22; OT *Berlin* 1851, *StrArch.* 3, 333/337; OT *Berlin* 1841, OTE 7, 67/72; OAG *Dresden* 1848, *Ackermann* S. 106/107.

[63] OAG *München* 1846, *Seuff.* II Nr. 57.

[64] OAG *Wiesbaden* 1840, *Seuff.* I Nr. 174; vgl. außerdem noch: Cassationshof *Berlin* o. D., *Seuff.* I Nr. 51; OAG *Jena* 1837, *Seuff.* IV Nr. 216; OT *Berlin* 1857, *StrArch.* 27, 59 ff.

[65] Vgl. oben S. 61.

[66] OT *Berlin* 1843, *Seuff.* I Nr. 201 = OTE 9, 426/429.

[67] OAG *München* 1828, *Seuff.* III Nr. 332.

[68] OAG *München* 1850, *Seuff.* V Nr. 6.

[69] OAG *Celle* 1861, E V Nr. 99.

[70] OT *Berlin* 1841, OTE 7, 67/72.

[71] OAG *Parchim* 1831, *Nettelbladt* III S. 34.

[72] OAG *Wolfenbüttel* 1845, *Seuff.* XXIII Nr. 32.

„haben die Gesetze ... die schon aus den *obersten Rechtsbegriffen* fließende Regel bestätigt, nach welcher der thatsächliche Zustand, worin sich das Streitobject beim Entstehen des Processes befand, bis zum rechtskräftigen Richterspruche über die Rechtmäßigkeit dieses Zustandes aufrecht erhalten werden muß ..."

Schließlich ist eine interessante Entscheidung des OAG Celle[73] anzuführen. Das Gericht hatte über folgenden Sachverhalt zu befinden: In einer Urkunde hatte ein Fabrikant zur Sicherung eines Darlehens sein gesamtes jetziges und künftiges Fabrikinventar dem Gläubiger übereignet, welcher es dem Fabrikanten verpachtete. Der Fabrikant fiel in Konkurs, und der Gläubiger klagte gegen den Konkursverwalter auf Herausgabe des Inventars. Das Gericht wies den Vindikationsanspruch ab, weil das dem klagenden Gläubiger eingeräumte dingliche Recht rein accessorischer Art sei und der Kläger nicht die volle rechtliche Herrschaft über die Sache erhalten habe. Dem Kläger habe nur das Recht zugestanden, sich aus dem übereigneten Inventar zu befriedigen, falls der Fabrikant das Darlehen nicht zurückzahle. In einem solchen Falle, meint das Gericht, „ist aus dem *Begriffe* des Eigenthums in der That alles herausgenommen, wonach dasselbe von dem Pfandrechte noch irgendwie wesentlich sich unterschiede ..."[74].

Es erscheint nicht einfach zu klären, inwieweit diese Urteile, die auf der „Natur", dem „Wesen" und dem „Begriff" eines Rechtsinstitutes beruhen, von begriffsjuristischem Denken beeinflußt sind oder gar als schlechthin begriffsjuristisch bezeichnet werden müssen.

Hierzu ist eine kurze Darstellung der begriffsjuristischen Methode erforderlich[75]. Die herrschende methodische Ansicht im 19. Jahrhundert besteht „in der Zurückführung der einzelnen Rechtssätze auf allgemeine Begriffe und andererseits in der Herleitung der sich aus diesen Begriffen ergebenden Folgerungen ... Alle historischen, politischen und philosophischen Betrachtungen — so wertvoll sie an und für sich sein mögen — sind für die Dogmatik eines konkreten Rechtsstoffes ohne Belang und dienen nur zu häufig dazu, den Mangel an konstruktiver Arbeit zu verhüllen"[76]. *Jhering* nennt diese Methode als erster „Begriffsjurisprudenz"[77], meint damit allerdings nur

---

[73] OAG *Celle* 1860, *Seuff.* XIV Nr. 90.

[74] Das Gericht läßt also mit diesen Erwägungen die Aussonderung von Sicherungseigentum im Konkurs des Sicherungsnehmers nicht zu. Zu demselben Ergebnis kommt die heute wohl h. M. (vgl. RGZ 24, 45 ff.; 118, 209 ff.; 124, 73 ff.; *Jaeger*, Konkursordnung, Bd. I, 8. Auflage bearbeitet von F. *Lent*, Berlin 1958 S. 703), allerdings ohne Bezug auf den „Begriff" des Eigentums.

[75] Zum Folgenden vgl. insbesondere *Larenz*, Methodenlehre S. 16 ff.; *Edelmann*, Entwicklung S. 26 ff.

[76] *Laband*, Staatsrecht, Vorwort zur 2. Aufl., zitiert nach dem Wiederabdruck in der 3. Aufl. S. X.

[77] *Jhering*, Scherz und Ernst S. 347.

„jene Verwirrung unserer heutigen Jurisprudenz . . ., welche, den practischen Endzweck und die Bedingungen der Anwendbarkeit des Rechts außer Acht lassend, in demselben nur einen Gegenstand erblickt, an dem das sich selber überlassene, seinen Reiz und Zweck in sich selber tragende logische Denken sich erproben kann, — eine Arena für logische Evolutionen, für die Gymnastik des Geistes, in der dem größten Denkvirtuosen die Palme zufällt"[78].

Auch die sog. Inversionsmethode, nämlich „diejenige Richtung der Jurisprudenz, welche die allgemeinen Gebotsbegriffe als Grundlage derselben Rechtssätze behandelt, durch deren Zusammenfassung sie tatsächlich entstanden sind"[79], wird der Begriffsjurisprudenz zugerechnet[80]. Diese beachtet insgeheim den praktischen Endzweck und die Bedürfnisse der Anwendbarkeit des Rechts[81].

Man kann daher mit *Edelmann*[82] davon ausgehen, daß die Begriffsjurisprudenz nach folgendem Prinzip vorgeht: „Die Darstellung wie die Erweiterung des Rechtssatzbestandes darf ausdrücklich nur, aber auch stets auf die Reduktions- und Deduktionsgrundlagen von Rechtssätzen und (auf diese Weise ihrem Inhalt und Umfang nach gebildeten) Rechtsbegriffen bzw. Rechtsgedanken, gegebenenfalls in Verbindung mit rechtsontologischen Vorstellungen und dem Sprachgebrauch, erfolgen."

Versucht man unter diesen Aspekten die angeführten Urteile zu analysieren, so wird man diejenigen Entscheidungen, die den „Begriff" oder das „Wesen" eines Rechtsinstituts zu konstruieren suchen, mindestens in ihren Ergebnissen als begriffsjuristische Entscheidungen ansehen müssen. Zwar wird in ihnen die Konstruktion selbst nicht klar aufgezeigt; aber es handelt sich eindeutig um eine Ableitung von Rechtssätzen entweder aus positiv-rechtlich anerkannten Grundsätzen (Begriff einer res litigiosa, „wie solcher aus den römischrechtlichen Vorschriften zu construiren ist"[83]), oder aus den obersten Rechtsbegriffen[84] oder aus dem Begriff eines bekannten Rechtsinstituts[85]. Die relativ selten anzutreffenden Urteile dieser Art zeigen, daß in der Praxis mindestens Ansätze zu begriffsjuristischem Denken vorhanden sind. Nach dem Vorbild der Pandektenwissenschaft versucht die Rechtsprechung, die Rechtsinstitute in — allerdings meist noch recht mäßiger — begrifflicher

---

[78] *Jhering* a. a. O.

[79] *Heck*, DJZ 1909, 1456.

[80] *Heck*, Begriffsbildung S. 98.

[81] „Kryptosoziologie", vgl. *Fuchs*, Die Gemeinschädlichkeit S. 127, 217.

[82] *Edelmann*, Entwicklung S. 29 f.

[83] OT *Berlin* 1843, *Seuff.* I Nr. 201.

[84] OAG *Wolfenbüttel* 1845, *Seuff.* XIII Nr. 32; bei dieser Entscheidung bleibt unklar, welche obersten Rechtsbegriffe gemeint sind.

[85] Hier: des Eigentums: OAG *Celle* 1860, *Seuff.* XIV Nr. 90.

Schärfe zu erfassen. Die in der zweiten Hälfte des 19. Jahrhunderts so berühmt gewordenen Konstruktionen und Konstruktionskontroversen[86] kündigen sich hierin an. Erwähnenswert ist, daß keine dieser Entscheidungen versucht, Rechtssätze auch aus dem System der Rechtswissenschaft abzuleiten. Das Wort „System" war in keiner einzigen Entscheidung auffindbar.

Fraglich ist, ob diejenigen Urteile, die ihre Ergebnisse mit der „Natur" der Rechtsinstitute begründen, ebenfalls als Ausfluß der begriffsjuristischen Methode gelten können. Es wurde bereits darauf hingewiesen, daß die in jenen Entscheidungen verwendete Argumentation der naturrechtlichen Argumentation aus der Natur der Sache sehr nahe kommt[87]. In ihnen wird nicht der Versuch unternommen, die Natur der Rechtsinstitute zu konstruieren. Diese wird vielmehr als vorhanden vorausgesetzt. Die Rechtsprechung kümmert sich bei Folgerungen aus der Natur der Rechtsinstitute überhaupt nicht um deren Begriff als solchen, sondern nur darum, ob die auszusprechende Rechtsfolge der Natur und dem darin zum Ausdruck kommenden Zweck der Rechtsinstitute gerecht wird. Sehr viele Urteile werden ausdrücklich damit begründet, das gefundene Ergebnis entspreche dem „Zweck des Rechtsinstituts" und dem „Lebensbedürfnis"[88].

M. E. dürfen diese häufig anzutreffenden Urteile, die auf die „Natur eines Rechtsverhältnisses" eingehen, nicht als Beispiele für begriffsjuristische Entscheidungen angeführt werden. Sie zeigen im Gegenteil, daß die Praxis die von ihr angewendeten Rechtssätze weniger aus den „Begriffen" abgeleitet, als vielmehr durch autoritative und logische Verfahren, aus nicht weiter ableitbaren, überlieferten Normen und aus der Eigenart der Rechtsverhältnisse begründet hat[89].

---

[86] Vgl. *Heck*, Begriffsbildung S. 188 ff.

[87] Vgl. o. S. 67.

[88] Vgl. z. B.: OAG *Lübeck* 1845, *Seuff.* II Nr. 45 (Wesen und Zweck der Einkindschaft); OAG *München* 1847, *Seuff.* II Nr. 235 (Zweck der provocatio ex lege Diffamari); OAG *Dresden* 1844, *Seuff.* II Nr. 247 (Zweck und Wesen der Güterabtretung); OAG *Darmstadt* 1848, *Seuff.* IV Nr. 197 (Zweck und Natur des Konkursverfahrens); OAG *Dresden* 1860, *Seuff.* XVI Nr. 14 (Zweck und Natur der Dienstbarkeit); ähnlich Annalen V S. 231/233; OAG *Celle* 1853, E V Nr. 46 (S. 95: Zweck der Kirchenbaulasten); OAG *Celle* 1859, E V S. 139/140 („ein nach Bedürfnis ins Leben getretenes Rechtsinstitut"); OT *Berlin* 1858, *StrArch.* 30, 353/354 (Begriff des Eigentums an einer Forderung sei durch den Lebensverkehr notwendig geworden; zu dieser germanistischen Ausdrucksweise vgl. *Luig*, Zessionslehre S. 85 f., 116); OAG *Oldenburg* 1861, *Seuff.* XVII Nr. 134 (S. 215: An der gefestigten Rechtsprechung sei um so mehr festzuhalten, als man damit zu „einem praktisch vernünftigen Resultate" gelange); OAG *Lübeck* 1845, *Seuff.* XIV Nr. 176; OAG *Jena* 1844, *Seuff.* V Nr. 250.

[89] *Wieacker*, Privatrechtsgeschichte S. 433 FN 8 mit dem Hinweis auf die „bewährte Lehre und Überlieferung" (Art. 1 II SchwZGB).

Als Fazit aus alledem wird man feststellen dürfen, daß in der Praxis zwar erste Anzeichen[90] einer Anwendung der von der Doktrin geforderten begriffsjuristischen Methode vorhanden ist, daß diese aber, wie die weitaus häufigeren Urteile, die mit dem „Zweck" eines Rechtsinstituts und dem „practischen Bedürfnis" begründet werden, deutlich zeigen, noch nicht die herrschende Methode der Praxis geworden ist.

Damit ist allerdings nicht gesagt, daß die Praktiker die auf begriffsjuristischem Wege gefundenen Ergebnisse der Doktrin generell verworfen haben. Denn auch die Begriffsjurisprudenz konnte im einzelnen durchaus praktikable und zweckmäßige Ergebnisse erzielen[91]. Außerdem sind die Bezugnahmen auf *Puchta*, dem Vater der Begriffsjurisprudenz[92], ein Indiz dafür, daß die Gerichte den begriffsjuristischen Lehren der Doktrin nicht grundsätzlich ablehnend gegenüberstanden. Puchta wird indes, obwohl auch er von allen obersten deutschen Gerichten angeführt wird[93], bei weitem nicht so häufig zitiert wie etwa *Savigny*, ja nicht einmal so häufig wie *Thibaut*[94]. Von daher und weil die Praxis in der Regel auf zweckmäßige Entscheidungen geachtet hat, liegt die Vermutung nahe, daß jedenfalls solche begriffsjuristischen Lehren, welche zu praktisch unbrauchbaren Ergebnissen führten[95], von der Praxis nicht beachtet worden sind. Für eine einzelne dieser Lehren, nämlich die Lehre *Savignys* vom wesentlichen Irrtum, hat *Ehrlich* nachgewiesen, daß sie von den Gerichten nicht befolgt wurde[96]. Bis

---

[90] Als einziger Gerichtshof scheint das OT *Berlin* etwas stärker als die anderen Gerichte zu dieser Methode geneigt zu haben: OT *Berlin* 1858, OTE 23, 252 ff.: „Es ist bekannt, daß, so geläufig der Begriff Eigenthum und dessen Inhalt ist, vielhundertjährige Bemühungen bis jetzt nicht eine den wissenschaftlichen Anforderungen durchaus entsprechende Begriffsbestimmung aufzustellen vermocht haben." 1852, OTE 22, 378: Begriff des Gewerbes; 1859, OTE 42, 189: Begriff der Servitut; 1855, *StrArch.* 17, 179: Begriff der Miete; später — nach 1861 — noch häufig: 1867, OTE 58, 225: Rechtsbegriff der Grundgerechtigkeit nach gemeinem und preußischem Recht; 1873, *StrArch.* 88, 288: Erörterung der Frage, ob eine stillschweigende Willenserklärung in Verbindung mit der Schriftform „begrifflich gedacht" werden kann; 1874, OTE 71, 218 und 232; 1877, OTE 80, 1 ff.; 1876, *StrArch.* 96, 260: Begriff des Inhaberpapiers; 1869, OTE 69, 212.

[91] Vgl. z. B. das Urteil des OAG *Celle* 1860, *Seuff.* XIV Nr. 90 (oben S. 70).

[92] Über Puchta als den Begründer der Begriffsjurisprudenz im 19. Jahrhundert siehe *Wieacker*, Privatrechtsgeschichte S. 400 ff.; *Wilhelm*, Methodenlehre S. 76 ff.

[93] Vgl. oben S. 55.

[94] In *Seuff.* X—XV finden sich nur 22 Bezugnahmen auf *Puchta* („Pandecten", „Institutionen", „Vorlesungen") gegenüber 30 auf *Thibaut* („System") und 43 auf *Savigny* („System", „Obligationenrecht").

[95] Vgl. die Beispiele bei *Jhering*, Ges. Aufsätze I S. 27 ff.; *Larenz*, Methodenlehre S. 20; *Boehmer*, Grundlagen II 1 S. 76 ff.

[96] *Ehrlich*, Grundlegung S. 266.

zum Todesjahr Savignys scheint die Praxis aber selbst, mag sie in Einzelfällen auch begriffsjuristische Lehren angewendet haben, nur wenig nach jener Methode verfahren zu haben[97].

[97] Zustimmend zu diesem Ergebnis *Hermann u. a.*, Festschr. zur Jahrhundertfeier des ABGB I S. 584; *Schneider*, Recht und Rechtspflege S. 317.

Teil II

Einzellehren der historischen Rechtsschule in der Gerichtspraxis

1. Kapitel

DIE LEHRE VOM GEWOHNHEITSRECHT.

Die Rechtsentstehungslehre der historischen Rechtsschule hat *Savigny* und seinen Anhängern den Vorwurf eingetragen, sie suchten die Gesetzgebung ungebührlich zu beschränken, indem sie die Volksüberzeugung als die älteste und beste Rechtsquelle anpriesen[1]. Es kann dahingestellt bleiben, inwieweit dieser Vorwurf zu Recht besteht. Sicher ist jedenfalls, daß die Lehre vom Gewohnheitsrecht als dem unmittelbar auf der Volksüberzeugung beruhenden Recht eine der Grundlagen für das Lehrgebäude der historischen Rechtsschule bildet[2] und in deren Darstellungen des Rechts einen ungewöhnlich breiten Raum einnimmt[3].

Bereits im „Beruf" hatte *Savigny* auf die große Bedeutung des Gewohnheitsrechts hingewiesen[4], ohne jedoch dort eine neue Gewohnheitsrechtstheorie zu entwickeln. Erst *Puchta* hat in seinem zweibändigen Werk „Das Gewohnheitsrecht" den Versuch hierzu unternommen und die bisherigen Auffassungen vom Gewohnheitsrecht als unhaltbar dargelegt[5].

I. Die Gewohnheitsrechtslehre des Usus modernus pandectarum

Die gemeinrechtliche Theorie des 17. und 18. Jahrhunderts unterschied nicht zwischen Gewohnheitsrecht und Gewohnheit. *Glück*, ein später Hauptrepräsentant der damals herrschenden Auffassung, definiert das Gewohn-

---

[1] *Gans*, Erbrecht II, 2 S. 292 f.

[2] „Gewohnheitsrecht die Grundlage des gesammten Rechts", *Puchta*, Gewohnheitsrecht II S. 185; *Savigny*, Beruf S. 13/14.

[3] *Jhering*, Geist II, 1 S. 29 bezeichnet das Gewohnheitsrecht als das „Schoßkind", *Landsberg* in *Stintzing-Landsberg* III, 2 S. 445 als den „Liebling" der historischen Rechtsschule.

[4] *Savigny*, Beruf S. 13 f.

[5] *Stintzing-Landsberg* III, 2 S. 447.

heitsrecht als „eine verbindliche Norm, welche aus gleichförmigen Handlungen der Untergebenen entstanden"[6] ist. Nach dieser Ansicht bewirkt die gewohnheitlich geübte Handlung unter bestimmten Bedingungen die Entstehung von Gewohnheitsrecht.

Im großen und ganzen bestand in der Lehre Einigkeit über diese Bedingungen, wenn auch im Einzelnen manches heftig umstritten blieb. Folgende Voraussetzungen mußten erfüllt sein, wenn ein Gewohnheitsrecht vorliegen sollte[7]:

Die Handlungen mußten mehrmals vorgenommen worden sein, wie es D. 1.3.32 und 35 verlangten. Über ihre erforderliche genaue Anzahl sagte das Corpus iuris jedoch nichts aus. Manche Autoren wollten sich daher mit zwei Handlungen begnügen[8]. Hiergegen wandten sich andere, nach deren Meinung die Handlungen „häufig" vorgenommen worden sein mußten[9]. Als herrschend setzte sich schließlich die Ansicht durch, daß es dem Ermessen des Richters überlassen bleiben müsse, wieviele Handlungen er für die Existenz eines Gewohnheitsrechts als ausreichend ansehen wolle[10]. Weiterhin waren erforderlich Gleichförmigkeit, Öffentlichkeit (Publizität) und Vernünftigkeit (Rationabilität) der Handlungen, die außerdem irrtumsfrei und in der Meinung der Notwendigkeit (opinio necessitatis oder obligationis[11]) vorgenommen worden sein mußten. Über diese Voraussetzungen bestand Einigkeit. Um so mehr umstritten war die Länge des Zeitraumes, während dessen die Handlungen geübt worden sein mußten. Darüber war im Corpus iuris nichts Genaues bestimmt. Die Ausdrücke „consuetudo inveterata"[12], „diuturna"[12], „per annos plurimos observata"[13] ergaben keine sicheren Zeiträume. In Anlehnung an das kanonische Recht waren daher einige Autoren der Meinung, es solle ebensoviel Zeit für die Übung einer Gewohnheit nachgewiesen werden wie für die gewöhnliche Verjährung, also zehn Jahre[14]. Andere Autoren hielten 20, 40 oder gar 100 Jahre für erforderlich[15]. Schließlich wurde auch in dieser Frage die Auffassung herrschend, daß die

---

[6] *Glück*, Pandecten I S. 447.

[7] Vgl. bei *Savigny*, System I § 29; *Glück*, Pandecten I § 86.

[8] Nachweise bei *Glück*, Pandecten I S. 455 FN 70.

[9] *Voet*, Comm. ad Pand., Tom. I, lib. I Tit. III § 29; *Struben*, Rechtliche Bedenken, 1. Theil, Bedenken 130, S. 309.

[10] *Glück*, Pandecten I S. 457; *Thibaut*, System I S. 14 lehrte ähnlich wie *Puchta*, daß alles davon abhänge, „ob aus der Zahl dieser Handlungen in vorliegendem Fall die gemeine Meinung dieser Classe von Personen erhellet."

[11] *Glück*, Pandecten I S. 461 mit Nachweisen.

[12] D. 1. 3. 32.

[13] D. 1. 3. 35.

[14] Vgl. *Savigny*, System I S. 172; *Glück*, Pandecten I S. 464.

[15] Nachweise bei *Glück* a. a. O. S. 465 FN 3.

notwendige Mindestlänge des Zeitraums in das Ermessen des Richters zu stellen sei[16].

Über den Geltungsgrund des Gewohnheitsrechts herrschte Einigkeit. Daß nur dann ein gültiges Gewohnheitsrecht bestehen konnte, wenn der Gesetzgeber es billigte, war unbestritten[17].

Weiterhin war unbestritten, daß die Existenz des Gewohnheitsrechts im Prozeß von der Partei zu beweisen sei, welche sie behauptete[18]. Dies wurde allgemein damit begründet, daß das Gewohnheitsrecht auf Tatsachen beruhe und Tatsachen im Prozeß nicht vermutet würden[19]. Die Parteien gerieten durch diesen Grundsatz häufig in große Beweisschwierigkeiten. *Leyser* berichtet, er könne sich nur an wenige Fälle erinnern, in denen einer Partei der Beweis eines Gewohnheitsrechts geglückt sei[20].

Von den Gesetzen der damaligen Zeit ist es der Codex Maximilianeus bavaricus civilis von 1756, der die herrschende Lehre am ausführlichsten wiedergibt[21]:

> „Gewohnheits-Recht oder Herkommen (Jus Consuetudinarium) beruhet 1mo auf einem solchen Gebrauch, welcher nicht nur den Willen der Gemeinde, sondern auch die Landesherrschaftliche Miteinstimmung muthmaßlich anzeigt. Solchemnach muß derselbe 2do vernünftig, öffentlich, widerholt, beständig, gleichförmig und zwar in- oder ausser gerichtlich seyn. 3tio Wird wenigstens ein Zeitverlauf von 30 Jahren hierzu erfordert, ausgenommen in Sachen, wo die Rechten eine minder- oder mehrere Zeit insonderheit bestimmen, oder wo es nicht um die Einführung eines neuen, sondern nur um die Bestättig- oder Erläuterung eines vorigen zweifelhaften Rechts zu thun ist. Und wie nun 4to eine solche rechtmässige Gewohnheit vim Legis hat, so hebt sie das ältere geschrieben- oder ungeschriebene Recht allerdings auf, wird aber hingegen auch 5to von den jüngeren Gesätz oder wiedrigen Gebrauch jedoch in Conformität obigen 1ten Cap. 12ten §vi ebenfalls wiederum aufgehoben. 6to Soll man das Herkommen, sonderbar jenes, welches gegen geschriebenes Recht lauft, niemal ausdehnen, sondern vielmehr einzuschrenken suchen, und wer sich 7mo darauf beziehet, der soll solches so weit nicht ohnehin schon kund- und offenbar ist, genugsam beweisen."

In dieser Vorschrift kommt ein gewisses Mißtrauen des Gesetzgebers gegenüber dem Gewohnheitsrecht zum Ausdruck. Mit noch viel größerer Abneigung steht der Gesetzgeber des österreichischen Josefinischen Gesetz-

---

[16] *Glück* a. a. O. S. 457 mit Nachweisen in FN 78.

[17] *Glück* a. a. O. S. 447 ff.

[18] Vgl. hierzu *Puchta*, Gewohnheitsrecht I S. 107; OAG *Wiesbaden* 1810, *Nahmer* I S. 193/197 f.

[19] *Glück*, Pandecten I S. 476; vgl. auch *Savigny*, System I S. 186.

[20] *Leyser*, Med. ad Pandectas, Vol. I, Spec. IX, med. 1, pag. 87.; vgl. auch *Thieme*, SavZGA 56 (1936) S. 240.

[21] 1. Theils, 2. Cap. § 15.

buches von 1786 dem Gewohnheitsrecht gegenüber. Er hebt alles bestehende Gewohnheitsrecht auf, verbietet die Einführung von neuem Gewohnheitsrecht und erklärt den Versuch hierzu als ein „strafbares Beginnen"[22].

Auch in Preußen war man von diesem Mißtrauen nicht frei. Doch waren sich die Schöpfer des Preußischen Allgemeinen Landrechts von 1794 im klaren darüber, daß es auch nach Inkrafttreten eines so umfrangreichen Gesetzbuches wie es das ALR war, noch Materien geben würde, die vernünftigerweise nach Gewohnheitsrecht entschieden werden mußten. In den §§ 3, 4 EinlALR wurde daher bestimmt, daß Gewohnheitsrecht da Anwendung finden kann, wo in den Gesetzen etwas unentschieden gelassen ist; § 60 EinlALR fügte jedoch bei, daß im übrigen durch Gewohnheitsrecht weder neues Recht eingeführt noch bestehende Gesetze aufgehoben werden können.

Für die weitverbreiteten Orts- und Provinzgewohnheitsrechte wurde in Ziffer VII des Publicationspatentes von 1794 verordnet, daß Gewohnheitsrecht, das von den Vorschriften des ALR abweicht und nicht bis zum 1. Juni 1796 in die Provinzialgesetzbücher aufgenommen worden ist, unbeachtet bleiben solle, es sei denn, daß das ALR ausdrücklich die Weitergeltung gestatte[23]. Die Kodifikation dieser örtlichen und provinziellen Gewohnheitsrechte ist bis zu dem im Publicationspatent bestimmten Zeitpunkt nicht durchgeführt worden. Sie wurden aber trotzdem in vorläufiger Geltung belassen[24].

---

[22] Teil I § 9 des Josefinischen Gesetzbuches lautet: „Gegen Gesetze, diejenigen sowohl, die bereits erlassen worden, als auch die in Zukunft noch erlassen werden, soll keine Gewohnheit bestehen noch Kraft haben, sie mögen gleich in allen Erbländern allgemein oder im einzelnen Orte eingeführt seyn. Und werden hiermit alle vor diesem Gesetze schon bestehenden Gewohnheiten gänzlich aufgehoben und außer Kraft gesetzt; auch diejenigen, welche in der Zukunft jemals einzuführen versucht werden sollten, wirkungslos, und als strafbares Beginnen erkläret."

Vgl. auch *Savigny*, System I S. 200.

[23] „Nach Ablauf des § 4 bestimmten Zeitraums aber, soll auf dergleichen ungeschriebene Rechte oder vermeinthliche Observanzen, welche von den Vorschriften des allgemeinen Landrechts abweichen, nur in so fern Rücksicht genommen werden, als sie entweder den Provinzialgesetzbüchern einverleibt sind, oder das allgemeine Landrecht selbst darauf, wie bey verschiedenen Materien geschehen ist, ausdrücklich in der Art verwiesen hat, daß die gesetzlichen Bestimmungen nur für den Fall gegeben worden, wenn über den Gegenstand durch wohl hergebrachte Gewohnheiten eines Ortes oder Distriktes nicht ein anderes eingeführt wäre. Außer diesen beiden vorstehend bestimmten Ausnahmen aber, sind wir die Berufung auf Observanzen welche dem Gesetz widersprechen, und die gemeinschädliche Ungewißheit der Rechte verewigen, nach Ablauf des vorgedachten Zeitraums ferner zu dulden nicht gesonnen."

[24] *Beseler*, Verhandlungen des Fünften Dt. Juristentages 1864, Bd. I S. 106; OT *Berlin* 1837, OTE 2, 232/239; *Knickenberg*, Soester Statuten S. 123; *Rehbein*, Entscheidungen I S. 41 mit Nachweisen in der FN zu Nr. 41.

Die uneinheitliche Terminologie des ALR ist etwas verwirrend. Die Ausdrücke „Gewohnheitsrecht", „Observanzen", „ungeschriebene Rechte" und „vermeinthliche Observanzen" sind nach der damaligen höchstrichterlichen Rechtsprechung des Geheimen Obertribunals in Berlin Synonyma. Das ALR gebraucht insbesondere das Wort „Oberservanz" gleichbedeutend mit „Gewohnheitsrecht"[25]. Was aber unter einer Oberservanz oder einem Gewohnheitsrecht zu verstehen sei, wird im ALR weder definiert, noch wird in ihm bestimmt, welche Erfordernisse zur Entstehung einer solchen Norm notwendig sind oder wie sie vor Gericht bewiesen werden soll.

Ähnlich war die Rechtslage im Gebiet des Österreichischen Allgemeinen Bürgerlichen Gesetzbuches von 1811. Das ABGB folgt bezüglich des Gewohnheitsrechts weitgehend dem Josefinischen Gesetzbuch und bestimmt in § 10, daß auf Gewohnheitsrecht nur in den Fällen Rücksicht genommen werden darf, in denen ein Gesetz dies gestattet. Für solche Fälle allerdings sieht es — im Gegensatz zum Josefinischen Gesetzbuch — die Anwendung von Gewohnheitsrecht vor. Auch hat es die Strafbestimmung des Josefinischen Gesetzbuches nicht übernommen.

In allen jenen Vorschriften zeigt sich ein abgrundtiefes Mißtrauen des Gesetzgebers der ausgehenden Naturrechtszeit gegenüber dem Gewohnheitsrecht[26]. Im Vollgefühl seiner Imnipotenz, in dem Bestreben, möglichst jeden Lebenssachverhalt ausschließlich in einem förmlichen Gesetz zu regeln, mußte der mit absoluter Gewalt ausgestattete Gesetzgeber den Gedanken, daß Recht in der so schwierig erfaßbaren Form des Gewohnheitsrechts entstehen und fortbestehen, ja sogar gesetztes Recht vernichten kann, als unerträglich empfinden. Hinzu kam die Uneinigkeit der Rechtsgelehrten über diesen Gegenstand, so daß man das Gewohnheitsrecht in Verbindung mit dem römischen Recht für die Unzulänglichkeiten des Rechtszustandes verantwortlich machen zu müssen glaubte[27].

II. Die Gewohnheitsrechtslehre der historischen Rechtsschule

Puchta und *Savigny* haben unbeeindruckt von der Haltung des Gesetzgebers die Lehre vom Gewohnheitsrecht auf eine neue Grundlage gestellt.

Die neue Lehre *Puchtas* beruht auf einer genauen Unterscheidung zwischen Gewohnheit und Gewohnheitsrecht. Nach Puchta wird das Gewohnheits-

[25] Vgl. über die ständige Rechtsprechung *Rehbein*, Entscheidungen I S. 27 in der Anmerkung zu Nr. 7.

[26] Über die fast gleiche Behandlung des Gewohnheitsrechts in den Stadt- und Landrechtsreformationen seit dem 16. Jahrhundert vgl. *Stobbe*, Rechtsquellen I, 2 S. 163 f.; *Thieme* SavZGA 56 (1936) S. 239/240.

[27] Vgl. im Publikationspatent des ALR den Ausdruck von den „Observanzen, welche ... die gemeinschädliche Ungewißheit der Rechte verewigen."

recht nicht durch gewohnheitlich vorgenommene Handlungen gebildet, sondern durch „die natürliche Übereinstimmung der Überzeugung“[28]. Die gewohnheitlich vorgenommenen Handlungen sind lediglich das äußere Erscheinungsbild des Gewohnheitsrechts; sie sind nur Erkenntnismittel für die Existenz eines Rechtssatzes[29]. Das Gewohnheitsrecht entsteht also nicht, weil gewisse Handlungen gleichförmig geübt werden — dadurch wird es nur offenbar —, vielmehr werden umgekehrt diese Handlungen nur deshalb vorgenommen, weil eine „natürliche Übereinstimmung der Überzeugung“, also ein Gewohnheitsrecht, besteht.

Aus dieser Auffassung vom Wesen des Gewohnheitsrechts ergaben sich für Wissenschaft und Praxis Konsequenzen von erheblicher Bedeutung.

Puchta zerlegt den Sachverhalt, der nach seiner Lehre den Schluß auf die Existenz eines Gewohnheitsrechts zuläßt, in die Übung, worunter er die einzelnen Handlungen versteht, und in die Gewohnheit, mit der er die gleichförmig wiederholten und dauernden Übungen insgesamt bezeichnet[30]. Voraussetzung dafür, daß eine Übung als auf gemeinsamer Überzeugung beruhend angesehen werden kann, sind die opinio necessitatis, die Rationabilität und die Freiheit von Irrtum.

Opinio necessitatis definiert *Puchta* scharf und klar als gemeinsame Überzeugung vom Bestehen eines Rechtssatzes, welcher der Übung zugrunde liegt. In diesem Zusammenhang verwirft er das Erfordernis der Publizität, das die ältere Lehre verlangt hatte[31]. Die ältere Lehre hatte dieses Erfordernis in Verbindung mit der Lehre gesehen, daß Gewohnheitsrecht auf dem Willen des Gesetzgebers beruhe. Puchta legt die Unhaltbarkeit dieser Auffassung dar[32] und hält demgemäß Publizität der Handlung nicht für erforderlich.

Die bis dahin ziemlich unbestimmt gebliebene Voraussetzung der Rationabilität[33] wird von *Puchta* dahin präzisiert, daß ein gewohnheitlich geübter Rechtssatz nicht göttlichen Vorschriften, den guten Sitten oder anderen höheren Rechtsprinzipien widersprechen dürfe. In solchen Fällen könne kein gültiges Gewohnheitsrecht vorhanden sein, und habe die Übung, welche zum Beweis des Gewohnheitsrechts angeführt werde, keine Autorität[34].

Ein Irrtum kann nach der Meinung *Puchtas* nur insofern von Bedeutung sein, als eine Übung in der irrigen Annahme erfolgt, es liege ihr ein Rechtssatz zugrunde. Ist dieser Rechtssatz nicht vorhanden, so läßt eine im Hin-

[28] *Puchta*, Gewohnheitsrecht I S. 78.
[29] *Puchta*, a. a. O. S. 78 f., 81, 83, 89 f., 180.
[30] *Puchta*, Gewohnheitsrecht II S. 29 f.
[31] *Glück*, Pandecten I S. 471.
[32] *Puchta*, Gewohnheitsrecht I S. 209, 213.
[33] *Glück*, Pandecten I S. 459 ff.
[34] *Puchta*, Gewohnheitsrecht II S. 61.

blick auf ihn geübte Handlung nicht den Schluß auf ein ihr zugrunde liegendes Gewohnheitsrecht zu[35].

Eine Handlung, die diesen drei Erfordernissen (opinio necessitatis, Rationabilität, Freiheit von Irrrtum) entspricht, muß gewohnheitsmäßig vorgenommen werden, wenn man aus ihr die gemeinsame Überzeugung der Rechtsgenossen von der Existenz eines Rechtssatzes erkennen will. *Puchta* nimmt demgemäß eine Gewohnheit nur an, wenn die Übung gleichförmig über einen längeren Zeitraum wiederholt wird[36].

Was die Anzahl dieser Handlungen betrifft, so ist *Puchta* in Übereinstimmung mit der älteren Lehre der Ansicht, daß sie nicht für alle Fälle in gleicher Höhe verlangt werden dürfe. Hatte aber die ältere Lehre gefordert, daß die wiederholten Übungen gleichförmig vorgenommen werden müßten, so steht *Puchta* auf dem Standpunkt, die Gleichförmigkeit gehöre überhaupt nicht zu den selbständigen Voraussetzungen der Übung. Jede Übung müsse auf demselben Rechtssatz, der als Gewohnheitsrecht behauptet wird, beruhen, und insofern sei die Gleichförmigkeit schon in dem Begriff der wiederholten Übung eines Rechtssatzes enthalten[37].

In diesem Zusammenhang behandelt *Puchta* die wichtige Frage, welche Bedeutung einer dem behaupteten Gewohnheitsrecht entgegengesetzten Übung zukommt. Die Antwort folgt konsequent aus seiner Grundanschauung: Nur wenn die Abweichung von der Norm derart beschaffen ist, „daß sie sich mit der Annahme einer gemeinsamen Ueberzeugung schlechthin nicht verträgt oder wenigstens die Existenz derselben wiederum ins Ungewisse stellt“[38], ist dem actus contrarius Bedeutung beizumessen.

Auch was das von der älteren Lehre behauptete Erfordernis des längeren Zeitraums angeht, in dem eine Handlung tatsächlich wiederholt sein müsse, ist *Puchta* der Auffassung, daß es sich nicht um ein selbständiges Erfordernis der Entstehung von Gewohnheitsrecht handelt. Der längere Zeitraum dient nach ihm lediglich zur genaueren Bezeichnung und Bestimmung des Begriffes der wiederholten Übung; denn die Wiederholung könne nicht ohne einen gewissen Zeitablauf geschehen[39]. Welche Zeit verstrichen sein müsse, lasse sich nicht bestimmen, da man die Überzeugung von der Existenz eines Gewohnheitsrechtssatzes u. U. schon aus einer Übung, die in einem verhältnismäßig kurzen Zeitraum befolgt wird, gewinnen könne[40].

[35] *Puchta* a. a. O. S. 64, 66.
[36] *Puchta* a. a. O. S. 79 ff.
[37] *Puchta*, Gewohnheitsrecht II S. 89.
[38] *Puchta* a. a. O. S. 92.
[39] *Puchta* a. a. O. S. 95, 103 ff.
[40] *Puchta*, Gewohnheitsrecht II S. 105.

Puchta gibt jedoch dem Richter einige Indizien an die Hand, aus welchen dieser von einer wiederholten Übung (Gewohnheit) auf ein Gewohnheitsrecht schließen kann[41]. Es komme, meint er, alles darauf an, ob den einzelnen Handlungen überhaupt eine rechtliche Überzeugung zugrunde liege. Wenn das sicher sei, müsse nur ermittelt werden, ob es sich um eine gemeinsame Überzeugung handele; denn eine bloß individuelle Überzeugung reiche nicht hin[42]. Zweifel an der gemeinsamen Überzeugung könnten durch wiederholte Handlungen beseitigt werden, und zwar auch dann, wenn sie nur von einer einzigen Person vorgenommen würden. Denn es sei unwahrscheinlich, daß sich jemand unter verschiedenen Umständen gleichförmig verhalte, wenn diesem Verhalten nicht eine allgemeine Rechtsüberzeugung zugrunde liege[43]. Für die Ermittlung der gemeinsamen und nicht bloß individuellen Überzeugung seien so viele Fälle der Übung erforderlich, daß man aus ihnen die Gewißheit gewinnen könne, der oder die Handelnden seien zu ihnen durch eine „Volksansicht" angehalten worden. Auch darauf komme es an, ob der Handelnde nach Meinung seiner Mitbürger besondere Rechtskenntnisse habe oder nicht; habe er besondere Rechtskenntnisse, dann komme schon einer einzigen Handlung größeres Gewicht zu[44]. Schließlich müsse berücksichtigt werden, ob ein gemeines oder ein partikuläres Gewohnheitsrecht in Frage stehe. Denn um sich von der Existenz eines gemeinen Gewohnheitsrechts Gewißheit zu verschaffen, könne und dürfe der Richter mehr Fälle nachgewiesener Übung für notwendig halten als wenn er diese Gewißheit nur in Bezug auf die Existenz eines partikulären Gewohnheitsrechts gewinnen wolle.

Aus seiner Grundanschauung leitet *Puchta* auch für den sog. Beweis des Gewohnheitsrechts vor Gericht neue Regeln ab. Denn für das Gewohnheitsrecht, das ja Recht war, können seiner Ansicht nach die Vorschriften über den Tatsachenbeweis nicht länger Anwendung finden. Mit dem alten Grundsatz „Iura novit curia" untermauert Puchta seine Auffassung, daß der Richter auch das Recht kennen müsse, das nur in der gemeinsamen Volksüberzeugung seine Wurzel und seinen Ursprung hat. Nur diese Meinung entspreche dem Wesen des Rechts und der Würde des Richteramtes[45]. Zwar könne der Richter bei der Vielgestaltigkeit und Ungewißheit der Gewohnheitsrechte nicht jedes behauptete Gewohnheitsrecht kennen; aber dann habe er die

---

[41] *Puchta* a. a. O. S. 84 ff.

[42] *Puchta* a. a. O. S. 85.

[43] *Puchta* a. a. O. S. 88 f. Diese Auffassung Puchtas ist nicht zwingend; denn die gemeinsame Überzeugung kann zwar dadurch zum Ausdruck gelangen, muß es aber nicht.

[44] *Puchta* a. a. O. S. 88 f.

[45] *Puchta*, Gewohnheitsrecht II S. 167.

Pflicht, es kennenzulernen. Infolgedessen lautet *Puchtas* Regel: Der Richter muß Gewohnheitsrecht, das ihm unbekannt ist, von Amts wegen erforschen. Er kann sich dazu der Hilfe derjenigen Partei bedienen, welche die Existenz des fraglichen Gewohnheitsrechts behauptet hat[46].

Die Überzeugung von der Existenz eines Gewohnheitsrechts könne sich der Richter auf mittelbare Weise verschaffen. Dazu genüge es, daß eine Partei nach den Regeln des Tatsachenbeweises nachweise, daß eine bestimmte Gewohnheit vorhanden sei. Aus dieser bewiesenen Gewohnheit könne dann auf ein ihr zugrunde liegendes Gewohnheitsrecht geschlossen werden.

Die Überzeugung von der Existenz eines Gewohnheitsrechts könne aber auch unmittelbar gewonnen werden. Denn der Richter könne sich durch Zeugen, Sachverständige, Urkunden oder Rechtssprichwörter, welche von dem fraglichen Gewohnheitsrecht Kunde gaben, von dessen Vorhandensein überzeugen.

Kurz zusammengefaßt läßt sich die Lehre *Puchtas* über das Gewohnheitsrecht wie folgt darstellen:

Das Gewohnheitsrecht entsteht durch die gemeinsame Volksüberzeugung. Die Gewohnheit ist nicht der Entstehungsgrund des Gewohnheitsrechts, sondern nur dessen äußere Erscheinung[47].

Das Gewohnheitsrecht trägt den Grund seiner Geltung in sich; es bedarf nicht der ausdrücklichen oder stillschweigenden Billigung eines Gesetzgebers, auch dann nicht, wenn es älterem Gesetzesrecht widerstreitet.

Der Richter hat sich von der Existenz eines behaupteten Gewohnheitsrechts vom Amts wegen zu überzeugen. Da er nicht jedes Gewohnheitsrecht kennen kann, darf er sich zur Bildung seiner Überzeugung der Hilfe der Parteien bedienen. Die Regeln über den Tatsachenbeweis finden für die Feststellung des Gewohnheitsrechts vor Gericht keine Anwendung[48].

Die Lehre *Puchtas* vom Gewohnheitsrecht wurde in der historischen Rechtsschule fast absolut herrschend. *Savignys* ausführliche Darstellung des Gewohnheitsrechts im „System“[49] beruht im wesentlichen auf *Puchta*, dessen Lehre sich auch *Göschen*[50], *Böcking*[51] und *Arndts*[52] ausdrücklich angeschlossen haben.

---

[46] *Puchta* a. a. O. S. 170, 187.

[47] Dieser Satz ist auch innerhalb der historischen Rechtsschule umstritten. Vgl. unten S. 84 f.

[48] Vgl. auch *Somló*, Juristische Grundlehre S. 362 ff.; H. *Isay*, Rechtsnorm und Entscheidung S. 230 f.

[49] *Savigny*, System I §§ 12, 18, 25, 28 ff.; vgl. auch *Stintzing-Landsberg* III, 2 S. 459; *Beseler*, Volksrecht S. 58 f.

[50] *Göschen*, Vorlesungen I S. 80.

[51] *Böcking*, Pandecten §§ 7 ff.

[52] *Arndts*, Pandecten § 4 S. 5.

Von den Germanisten der historischen Rechtsschule liegen außer von *Beseler* keine abweichenden Stellungnahmen vor. Die Germanisten verzichteten vielmehr auf eine eigene Gewohnheitsrechtstheorie. Nach der Ansicht von *Mittermaier*[53] etwa müssen „die Erfordernisse der Gültigkeit des Gewohnheitsrechts nach römischem Recht beurteilt werden". *Eichhorn*[54] begnügt sich damit, auf *Puchta* hinzuweisen. Auch er stellt fest, daß die Bedingungen für die Gültigkeit des Gewohnheitsrechts nach den „fremden Rechten" beurteilt werden müssen. *Gerber*[55] bezeichnet die Theorie *Puchtas* als die „in der Hauptsache allein richtige" und hält es für überflüssig, eine eigene größere Abhandlung über Gewohnheitsrecht zu schreiben, weil in jedem Pandektenlehrbuch darüber geschrieben werde[56]. Im übrigen ist er der Ansicht, daß die neue Theorie genauso gut am Beispiel des deutschen (germanischen) Rechts hätte entwickeln können.

Demgegenüber vertrat *Beseler* die Auffassung, das Gewohnheitsrecht beruhe auf dem Rechtsbewußtsein des Volkes und auf der von diesem geübten Gewohnheit. Entgegen der Meinung *Puchta*s sei daher die Gewohnheit ein essentielles Erfordernis für das Gewohnheitsrecht[57], nicht bloß dessen Erscheinungsform und Erkenntnisquelle für den Richter. *Beseler* begründet seine Ansicht damit, daß sich *Puchta*s Theorie nur halten lasse, sofern das Recht sich ohne äußere Störung entwickelt habe. Dieser Idealfall sei selten; denn es wirkten viele äußere Einflüsse auf den Rechtszustand ein. Ein solcher Einfluß könne aber durch seine dauerhafte Einwirkung dahin führen, daß sich Rechtsnormen entwickelten, die für verbindlich gehalten würden. Der letzte Grund für die formelle Verbindlichkeit sei dann aber die Gewohnheit, welche nicht mehr „ein bloßes Kennzeichen des Rechts ist, sondern dieses selbst produciren hilft."[58]

Im Ergebnis derselben Ansicht wie *Beseler* war Josef *Unger*[59], der Puchta entgegenhielt: „So wenig die Gewohnheit die Entstehungsursache des Rechts ist, wie die ältere Schule irrig annahm (materialistische Auffassung), so wenig ist sie andererseits bloße Erscheinungsform des Rechts (spiritualistische Auffassung): sie ist vielmehr eine Entstehungsform des Rechts. So wenig das Gesetz ohne Publication, so wenig ist die Volksüberzeugung ohne Gewohnheit Recht, da Alles was Recht sein soll, äußerlich erkennbar sein muß."

Soweit ersichtlich, stimmten auch *Vangerow*[60], *Sintenis*[61] und *Wächter*[62]

---

[53] *Mittermaier*, Grundsätze, 1. Abtheilung S. 91.
[54] *Eichhorn*, Einleitung § 26 Note a).
[55] *Gerber*, System § 28 Note 1 (S. 62).
[56] *Gerber* a. a. O.
[57] *Beseler*, Volksrecht S. 77.
[58] *Beseler*, Volksrecht S. 77.
[59] *Unger*, System I S. 37.

der „spiritualistischen“ Lehre Puchtas nicht zu. Einen Einfluß auf die in der Schule herrschende, auf die Autorität der Schulhäupter gegründete Theorie haben sie indessen nicht ausgeübt, zumal sie in den anderen Punkten, besonders hinsichtlich der Unabhängigkeit des Gewohnheitsrechts von der Anerkennung durch den Gesetzgeber und des Beweises des Gewohnheitsrechts vor Gericht, mit *Puchta* vollkommen übereinstimmten. *Beseler* hob die neue Beweislehre sogar als ein „Hauptverdienst“ der Lehre *Puchtas* hervor[63].

III. Die Gewohnheitsrechtslehre in der Gerichtspraxis

Die Lehre *Puchtas* und *Savignys* setzte sich in der Gerichtspraxis rasch und fast vollständig durch. Auch wenn eine ausdrückliche Bezugnahme auf das „Gewohnheitsrecht“ oder das „System“ in manchen Entscheidungen fehlt, sind die in jenen Werken vertretenen Lehren allgemein befolgt und angewendet worden.

Zu eigen gemacht haben sich die Gerichte insbesondere die neue Auffassung vom Wesen des Gewohnheitsrechts.

> „Das Gewohnheitsrecht ist der Rechtssatz, welcher im Bewußtseyn des Volkes in seinen engern oder weitern natürlichen Kreisen nicht auf dem Wege stillschweigender Verabredung, sondern durch eine natürliche Einheit der Anschauung oder Geistesrichtung entstanden ist. Von diesem Gewohnheitsrechte ist die Gewohnheit, d. h. die Uebung des Rechtssatzes wohl zu unterscheiden. Sie ist die äußere Erscheinungsform desselben, nicht wie man früher fast allgemein annahm, sein Entstehungsgrund, wiewohl sie in Folge der Continuität auch zur Entwicklung des Rechtssatzes mitwirken kann ...“

So das OAG Wiesbaden in einer Entscheidung aus dem Jahre 1855[64].

Insbesondere übernahm das Geheime Obertribunal in Berlin die Lehre Puchtas und Savignys vom Wesen des Gewohnheitsrechts. Das Obertribunal hatte sich ungewöhnlich oft mit Fällen zu befassen, in denen Gewohnheitsrecht eine bedeutende Rolle spielte. Doch handelte es sich meistens nur um örtliches Gewohnheitsrecht.

Den Urteilen dieses Gerichtes liegt klarer als denen anderer oberster Gerichte die „spiritualistische“ Auffassung vom Gewohnheitsrecht zugrunde. In einer Entscheidung aus dem Jahre 1848 wird die Puchtasche Lehre folgendermaßen formuliert[65]:

> „Ein Herkommen, als Rechtsnorm, existiert substantiell überhaupt nicht erst mit einem bestimmten früheren oder späteren Akte, der ihm ent-

---

[60] *Vangerow,* Pandecten I § 14.
[61] *Sintenis,* Civilrecht I § 3.
[62] *Wächter,* Handbuch II § 9.
[63] *Beseler,* Volksrecht S. 114; System S. 89.
[64] OAG *Wiesbaden* 1855, *Seuff.* XIII Nr. 204.
[65] Über die Terminologie in Preußen vgl. o. S. 79.

spricht, sondern es sind die einzelnen Akte wahrhaft nur die Konsequenzen der dabei zu Grunde liegenden Rechtsidee; ihr Nachweis ist lediglich die formale akzidentielle Bedingung und Abschließung der Existenz für den Richter."[66]

Das Gericht schließt sich mit dieser Ausführung vorbehaltlos der Lehre *Puchtas* an: Das Gewohnheitsrecht lebt und existiert in der Volksüberzeugung unabhängig davon, ob es erkannt werden kann oder nicht.

Es ist erstaunlich, daß weder das OT Berlin noch sonst ein Gericht an diesem Dogma Kritik geübt hat, zumal vor allem *Beseler* und *Unger* nicht von der Hand zu weisende Einwände gegen *Puchtas* Gewohnheitsrechtslehre vorgebracht hatten[67]. War nämlich die Gewohnheit wirklich nur eine — nicht einmal notwendige — äußere Erscheinungsform des Gewohnheitsrechts, dann konnte diese Art des Rechts, sofern es noch nicht in Erscheinung getreten war, überhaupt nicht erkannt werden. Der Beweis für die bloße Existenz in der Volksüberzeugung war nicht zu erbringen, und es bleibt sehr fraglich, wie es trotzdem als geltendes Recht angesehen werden konnte.

Trotz dieser Schwäche der Theorie griffen das OT Berlin und auch die anderen obersten Gerichte bei jeder Entscheidung, in der es auf die Prinzipien des Gewohnheitsrechts ankam, auf die Lehre *Puchta*s und *Savigny*s zurück[68].

Die Gerichte hielten sich auch insofern genau an *Puchta*s Begriff des Gewohnheitsrechts, als dieses nach seiner Ansicht nur objektives Recht, nicht auch unmittelbar individuelle Ansprüche zur Entstehung brachte. Weil in den römischen Quellen nicht allein die Übung eines Rechtssatzes, sondern auch die Ausübung eines „subjectiven Rechts"[69] mit „consuetudo" bezeichnet war, stützten die Parteien ihre Ansprüche häufig auf ein angebliches Gewohnheitsrecht. Solche Klagen, die sich nicht auf eine allgemein bindende Norm, sondern lediglich auf ein subjektives Recht (eine individuelle Berechtigung), das gewohnheitsrechtlich entstanden sein sollte, stützten, wurden von den Gerichten abgewiesen. Diese konnten derartigen Klagen nicht stattgeben, da „die Entstehung eines concreten subjektiven Rechts ... aus einem eigentlichen Gewohnheitsrecht ... unmittelbar nicht hergeleitet werden

[66] OT *Berlin* 1848, OTE 17, 365/372.

[67] Vgl. o. S. 84 f.

[68] OT *Berlin* 1846, OTE 12, 78 ff. (Bezug auf *Savigny*); 1854, *StrArch.* 15, 1/9 („Gewohnheitsrecht ist das in dem Bewußtseyn des Volkes unmittelbar entstandene und in seiner Sitte erscheinende Recht."); 1854, *StrArch.* 15, 25 (mit ausführlichem Zitat aus *Savigny*, System I S. 171 ff.); 1854, OTE 28, 432; 1857, *StrArch.* 24, 325/331 ff.; 26, 290 ff.; 27, 71/77 (Bezug auf *Savigny*, System I S. 98 und *Puchta*, Gewohnheitsrecht II S. 108 ff.); 1861, *StrArch.* 41 134/139; OAG *Kiel* 1855, *Seuff.* X Nr. 190; vgl. auch die Nachweise u. S. 85 FN 71.

[69] *Puchta*, Gewohnheitsrecht II S. 114.

kann."[70] Ein subjektives Recht könne zwar zu den Wirkungen des Gewohnheitsrechts gezählt werden, enthalte jedoch nicht dessen Begriffsmerkmale[71].

In Übereinstimmung mit *Puchta* verwarfen die Oberappellationsgerichte Lübeck[72] und München[73] das Erfordernis der Publizität. Das OAG Lübeck führte aus:

> „Eine besondere gesetzliche Bestimmung über dieses Erfordernis der Publicität ist nicht vorhanden, sondern es wird nur erfordert, daß eine gewisse Rechtsansicht während längerer Zeit durch Handlungen als Norm angewendet und befolgt seyn müsse; mithin genügt diejenige Publicität, welche mit diesen Handlungen an sich, ihrer Natur nach, verbunden ist; ..."

Auch wenn diese Entscheidung noch an dem Ausdruck „Publicität" festgehalten hat, so betrachtet sie diese doch nicht mehr als eigentliches Erfordernis im Sinne der früheren Lehre. Vielmehr begnügt sich das Gericht mit der wiederholten Übung, die ihrer Natur nach gewisse Eigenschaften haben muß, um als Erscheinungsform des Gewohnheitsrechts angesehen werden zu können. — Auch das OAG München hält den Worten nach an der Publizität fest; aber nach seiner Meinung genügt es für sie, daß die Handlungen nicht verheimlicht worden sind. Auch hier liegt deutlich die Auffassung zugrunde, daß Publizität nur insoweit erforderlich ist, als eine Gewohnheit eben erst durch sie fähig wird, Kennzeichen der ihr zugrunde liegenden Rechtsüberzeugung zu sein. Publizität, welche die frühere Lehre wegen des consensus populi sive principis gefordert hatte, wird in diesen Urteilen nicht mehr verlangt.

Ganz auf der Lehre *Puchtas* beruht auch ein Urteil des OAG Wiesbaden zu der Frage, welche Bedeutung einer dem bestehenden Gewohnheitsrecht entgegengesetzten Handlung zukomme. In konsequenter Anwendung von Puchtas Theorie mißt das Gericht der Tatsache, daß ein bestehendes Gewohnheitsrecht in einem einzelnen früheren Falle nicht angewendet worden ist, keine Bedeutung bei. Insbesondere, meint es, könne allein aus einer solchen Tatsache nicht geschlossen werden, das fragliche Gewohnheitsrecht sei erloschen. Denn genau wie es Handlungen gegen ein Gesetz gebe, ohne daß dadurch das Gesetz als erloschen angesehen werde, genauso könne

---

[70] OAG *Celle* 1858, *Seuff.* XIX Nr. 104 (S. 164).

[71] OAG *Celle* a. a. O. — Vgl. außerdem: OAG *Celle* 1854, *Seuff.* XI Nr. 2 = E I Nr. 34; 1858, E IV Nr. 2; 1859, E IV Nr. 45; Jur. Fak. *Heidelberg, Berlin* o. D., *Busch* S. 5 ff., 8 ff.; OT *Berlin* 1846, OTE 12, 80; 1854, *StrArch.* 12, 128 ff.; 1861, *StrArch.* 41, 138; OT *Stuttgart* 1845, *Seuff.* II Nr. 122; OAG *Kiel* 1847, *Seuff.* IX Nr. 116; 1855, *Seuff.* X Nr. 190; OAG *Cassel* 1837, *Henkel* S. 136; OAG *Celle* 1859, E V Nr. 100 (S. 140).

[72] OAG *Lübeck* 1846, *Seuff.* I Nr. 306.

[73] OAG *München* 1847, *Seuff.* I Nr. 306.

gegen ein Gewohnheitsrecht verstoßen werden. Wegen Verstößen aber könne das Gewohnheitsrecht erst erloschen sein, wenn sich die entgegenstehende Rechtsüberzeugung gebildet hat."[74]

Puchtas Lösung der Frage, wie sich der Richter die Überzeugung von einem behaupteten Gewohnheitsrecht verschaffen könne, fand in der Praxis uneingeschränkte Zustimmung. Ihm folgend wandten die Gerichte auf die Feststellung von Gewohnheitsrecht nicht mehr die Regeln über den Tatsachenbeweis an, sondern verschafften sich ihre Überzeugung von Amts wegen. Die Oberappellationsgerichte Kiel[75], Lübeck[76] und Wiesbaden[77] erklärten ausdrücklich, daß Gewohnheitsrecht nicht auf eine Stufe mit streitigen Tatsachen gestellt werden dürfe. Mit *Puchta*[78] und *Savigny*[79] argumentierte das OAG Wiesbaden aus dem Charakter des Gewohnheitsrechts als Recht: Der Richter könne und solle die Rechtsregel, die er anzuwenden habe, kennen, während er von streitigen Tatsachen keine Kenntnis zu haben brauche. Demgemäß sei der Richter nicht wie bei diesen Tatsachen an das Vorbringen der Parteien gebunden, sondern dürfe „nach freier Erwägung der Umstände verfahren." Sogar dann dürfe er sein Urteil auf Gewohnheitsrecht stützen, wenn er von einem solchen nur zufällig und nicht nach den für den Beweis von Tatsachen vorgeschriebenen Regeln Kenntnis erlangt habe[77].

Im Jahre 1864 konnte das OAG Oldenburg für seinen Gerichtssprengel feststellen, daß „seit den Ausführungen von *Puchta* (Gewohnheitsrecht Bd. II Cap. 4) und *Savigny* (System Bd. I S. 186 f.) stets gleichmäßig so verfahren worden ist."[80] Diese Feststellung trifft jedoch nicht nur für den Bezirk des OAG Oldenburg zu; daß ein behauptetes Gewohnheitsrecht von Amts wegen zu erforschen sei, war vielmehr auch die Auffassung der anderen obersten deutschen Gerichte[81].

---

[74] OAG *Wiesbaden* 1855, *Seuff.* XIII Nr. 3; vgl. auch OT *Berlin* 1857, *StrArch.* 25, 60/64; 1861, *StrArch.* 43, 152/155; OAG *Celle* 1856 und 1857, E IV Nr. 3.

[75] OAG *Kiel* 1839, *Seuff.* VII Nr. 139; 1850, *Seuff.* X Nr. 124.

[76] OAG *Lübeck* 1850, *Seuff.* VI Nr. 130.

[77] OAG *Wiesbaden* 1855, *Seuff.* XIII Nr. 204; einschränkend („in der Regel") OAG *Dresden* 1860, Annalen III S. 277 (Bezug auf *Puchta*, Gewohnheitsrecht I S. 108, II S. 169 ff.; *Savigny*, System I S. 190); wie OAG *Wiesbaden* a. a. O. auch noch OAG *Oldenburg* 1850, *Seuff.* XVII Nr. 110; später noch OAG *Lübeck* 1870, *Seuff.* XXV Nr. 113.

[78] *Puchta*, Gewohnheitsrecht II S. 187 ff.

[79] *Savigny*, System I S. 190 ff.

[80] OAG *Oldenburg* 1864, *Seuff.* XVIII Nr. 101.

[81] OT *Stuttgart* 1859, *Seuff.* XIII Nr. 75; OAG *Oldenburg* 1859, *Seuff.* XVII Nr. 110 mit Nachweisen; später — nach 1861 — noch: OAG *Celle* 1865, *Seuff.* XIX Nr. 211; OAG *Lübeck* 1865 und 1870, *Seuff.* XXV Nr. 1 und Nr. 113.

Auch hinsichtlich der Erkenntnismittel, durch welche sich der Richter von der Existenz eines Gewohnheitsrechts überzeugen konnte, setzte sich die Lehre *Puchtas* durch. Da das Gewohnheitsrecht als dem Gesetzesrecht gleichrangiges Recht anerkannt war, konnten zu seiner Feststellung die Regeln über den Tatsachenbeweis nicht mehr angewendet werden. Vielmehr konnte jedes Mittel, das für die Gewinnung der richterlichen Überzeugung geeignet war, in den Prozeß eingeführt werden. Die Prozeßvorschriften standen dem nicht entgegen; denn es handelte sich nicht um einen formellen, sondern um einen „wissenschaftlichen" Beweis[82].

Die Gerichte gingen sogar über *Puchta* hinaus. Sie betrachteten seine Aufzählung der „Beweis"mittel, mit deren Hilfe sich die richterliche Überzeugung gewinnen ließ, nicht als abschließend und vollständig, sondern erachteten jedes Erkenntnismittel für zulässig, das seiner Natur nach dem Richter die Überzeugung verschaffen konnte, daß ein bestimmter ungeschriebener Rechtssatz auf der Volksüberzeugung beruhte[83]. Infolgedessen wurde es von den Gerichten als ausreichend angesehen, wenn Zeugen die Existenz eines Gewohnheitsrechts bekundeten, indem sie entweder einzelne Anwendungsfälle des Gewohnheitsrechts benannten, was nach der älteren Lehre erforderlich war, oder wenn sie, ohne solche Anwendungsfälle benennen zu können, die Existenz des Gewohnheitsrechts im allgemeinen bezeugten. So führte das OAG Wiesbaden[84] unter Bezugnahme auf *Puchtas* „Vorlesungen" (I § 12 S. 28) aus: „Die Aufzählung einzelner Fälle der Uebung kann man um so weniger für nothwendig zur Klagbegründung halten, als die Existenz des Gewohnheitsrechtes sowohl durch die Nachweise der Uebung in einzelnen Fällen als durch Vernehmung glaubwürdiger Personen über die Existenz im Allgemeinen nachgewiesen werden kann."

In der Gerichtspraxis wurde infolge dieser Lehre *Puchtas* der mittelbare Nachweis von Gewohnheitsrecht durch Aufzählung einzelner Anwendungsfälle des betreffenden Gewohnheitsrechtssatzes fast vollständig verdrängt durch Aussagen sachverständiger Personen, insbesondere von Schöffen und Bürgermeistern, die die Existenz eines bestimmten Rechtssatzes unmittelbar bezeugten. Solche Aussagen glaubwürdiger Personen wurden allgemein für genügend erachtet[85]. In einem Urteil des OAG Dresden aus dem Jahre 1860 heißt es, Theorie und Praxis hätten sich dafür entschieden, generelle Zeug-

---

[82] *Kierulff*, Theorie I S. 14; *Savigny*, System I S. 190 f.

[83] *Puchta*, Gewohnheitsrecht II S. 120 ff.

[84] OAG *Wiesbaden* 1855, *Seuff*. XIII Nr. 2.

[85] OT *Stuttgart* 1833, *Seuff*. II Nr. 226; OAG *Lübeck* 1841 und 1846, *Seuff*. I Nr. 308, 310 und *Seuff*. IX Nr. 202; OAG *Jena* 1847, *Seuff*. XIX Nr. 205 und *Seuff*. II Nr. 251; OAG *Cassel* 1853, *Seuff*. VII Nr. 279; OT *Stuttgart* 1859, *Seuff*. XIII Nr. 75; OT *Berlin* 1848, *Seuff*. III Nr. 292.

nisse über das Dasein der fraglichen Rechtsnorm als ausreichend anzuerkennen[86].

Soweit man sich zum Nachweis eines Gewohnheitsrechts auf frühere Gerichtsurteile stützte, waren insbesondere die obersten Gerichte nicht ohne weiteres der Ansicht, daß auf dem fraglichen Gewohnheitsrecht beruhende Gerichtsurteile für sich allein zu dessen Beweis ausreichten. Präjudizien begründeten — so das OAG Kiel[87] — lediglich eine zum vollen Beweis noch nicht ausrechende Vermutung, „weil aus denselben die Gründe, welche für die richterliche Ueberzeugung bestimmend gewesen, nicht zu ersehen sind und diese also von dem höheren Gericht nicht näher geprüft werden können." Entgegengesetzter Meinung war das OT Berlin, das unter Bezugnahme auf *Savigny*[88] frühere richterliche Entscheidungen als geeignete Beweismittel für ein Gewohnheitsrecht ansah[89].

Als weitere Beweismittel ließen die Gerichte alte Urkunden und, wie in einer Entscheidung des OT Berlin[90], auch eine alte Landesordnung und die über sie verfaßten Schriften zu. Darüber hinaus zogen sie zur Bildung ihrer Überzeugung auch sonstige Umstände heran; so z. B. das OAG Lübeck die Tatsache, daß der dem behaupteten Landesgebrauch zugrunde liegende Rechtssatz in der „localen Beschaffenheit des fraglichen Landesgebietes und der äußerlich wahrnehmbaren Wirtschaftsweise sich unmittelbar und für Jedermann kundgibt."[91]

Gegen Ende der fünfziger Jahre des 19. Jahrhunderts wurde die Gewohnheitsrechtslehre der historischen Rechtsschule von fast allen deutschen Obergerichten angewendet. Die meisten bedeutenden obersten Gerichte — OAG Cassel, Celle, Dresden, Jena, Kiel, Lübeck, Oldenburg, OT Stuttgart, OAG Wiesbaden und im Gebiet des ALR bzw. des Codex Maximilianeus bavaricus civilis das OT Berlin bzw. das OAG München — befolgten in ihren Urteilen die neuen Grundsätze. Gewöhnlich wurde ausdrücklich auf *Savigny* („System I") und/oder *Puchta* („Gewohnheitsrecht", „Pandecten", „Vorlesungen") Bezug genommen. Man kann daher feststellen, daß die Lehre der historischen Rechtsschule in der Praxis zur herrschenden Ansicht geworden ist[92].

---

[86] OAG *Dresden* 1860, *Seuff.* XVI Nr. 183; vgl. auch OAG *Lübeck* 1841, *Seuff.* IX Nr. 202.

[87] OAG *Kiel* 1846, *Seuff.* V Nr. 99; auch OT *Stuttgart* 1862, Seuff. XV Nr. 217 (S. 370 f.).

[88] *Savigny*, System I S. 191.

[89] OT *Berlin* 1857, *StrArch.* 27, 71 ff.; ähnlich OAG *Lübeck* 1829, *Thöl* Nr. 4; OT *Stuttgart* 1862, *Seuff.* XV Nr. 217.

[90] OT *Berlin* 1853, *StrArch.* 10, 358/364 ff.

[91] OAG *Lübeck* 1846, *Seuff.* I Nr. 310 (S. 320).

Auf einem wichtigen Teilgebiet der Lehre *Puchtas* und *Savignys*, nämlich bei der Frage nach der derogatorischen Kraft des Gewohnheitsrechts gegenüber dem förmlichen Gesetz, sind die Gerichte der Theorie nur zum Teil gefolgt. Die Doktrin hatte die Frage nach der derogatorischen Kraft eindeutig bejaht[93] und gleichzeitig die eng damit zusammenhängende Frage, ob Gewohnheitsrecht zu seiner Wirksamkeit nicht wenigstens der stillschweigenden Billigung durch den Gesetzgeber bedürfe, ebenso eindeutig verneint[94].

Soweit ersichtlich, gibt es bei den Gerichten im Geltungsbereich des gemeinen Rechts nur wenige Entscheidungen, die sich mit diesem Problem auseinandergesetzt haben. Indes scheint es wegen der ausdrücklichen Anordnung des römischen Rechts, wie sie von Theorie und Praxis der Zeit verstanden wurde, offensichtlich, daß sich die Gerichte auf Grund dieser positivrechtlichen Bestimmung mit jenem Problem nicht ernsthaft zu befassen brauchten. Denn sowohl nach römischem Recht als auch nach der in der Doktrin herrschenden Ansicht war Gewohnheitsrecht auch dann zu beachten, wenn es gesetztem Recht widersprach[95]. Die zwei hier anzuführenden Urteile folgen dieser Auffassung und bejahen die derogatorische Kraft des Gewohnheitsrechts[96].

Anders war die Praxis im Bereich derjenigen Gesetze, die neu entstehendem Gewohnheitsrecht von vornherein ihre Anerkennung versagten und altes, dem Gesetz entgegenstehendes Gewohnheitsrecht ausdrücklich aufhoben. Soweit ersichtlich, haben die Gerichte die in den förmlichen Gesetzen ausgesprochenen Anordnungen genau befolgt. Weder für das Gebiet des ALR noch für den Bereich des österreichischen ABGB sind Entscheidungen bekannt, die entgegen dem gesetzlichen Verbot gewohnheitsrechliche Normen angewandt haben. Das Geheime Obertribunal in Berlin nahm eindeutig den Standpunkt des ALR ein und ließ Gewohnheitsrecht, das den Vorschriften des Gesetzes nicht genügte, nicht mehr zu[97].

---

92 Vgl. OT *Berlin* 1870, OTE 63, 323: „Alle neueren Rechtslehrer stimmen darin überein, daß die Gewohnheit nicht den Rechtssatz erzeugt, sondern durch den im Rechtsbewußtsein größerer oder kleinerer nationaler Kreise vorhandenen Rechtssatz hervorgerufen wird, daß sie sonach nicht sowohl den Entstehungsgrund des Gewohnheitsrechts ausmacht, als vielmehr die äußere Erscheinung und Erkenntnisquelle desselben ist. (...). Diese Ansichten sind in der Praxis allgemein durchgedrungen und haben ältere, davon abweichende völlig überwunden."

93 *Savigny*, System I S. 168 ff., 181; *Puchta*, Gewohnheitsrecht I S. 180 ff.

94 *Savigny*, System I S. 194; *Puchta*, Gewohnheitsrecht II S. 203 ff.

95 *Savigny*, System I S. 194, 420 ff.

96 OAG *Darmstadt* 1857, *Seuff*. XXVII Nr. 86 a; OAG *Celle* 1857, E III Nr. 16 (S. 24 f.); vgl. auch OT *Berlin* 1870, *Fenner* II Nr. 13 (S. 30) unter Bezug auf *Savigny*, System I S. 36, 82 in einer gemeinrechtlichen Sache.

97 OT *Berlin* 1855, *StrArch*. 18, 319; OT *Berlin*, Präjudizien S. 2. Für Österreich vgl. *Tilsch*, Festschrift zur Jahrhundertfeier des ABGB II S. 37 ff.

In den Gebieten, in denen der Gesetzgeber durch ein förmliches Gesetz Anordnungen über Entstehung und Fortgeltung von Gewohnheitsrecht getroffen hatte, wurde somit das Gewohnheitsrecht nach diesen Vorschriften beurteilt. Auch die Autorität der historischen Rechtsschule und die der überwiegenden wissenschaftlichen Meinung konnte daran nichts ändern. Der hohe Wert, den die historische Rechtsschule dem Gewohnheitsrecht beimaß, konnte die Gerichte nicht bewegen, gegen das förmliche Gesetz zu entscheiden.

Soweit jedoch positiv-rechtliche Normen nicht entgegenstanden, ist die Lehre *Puchtas* und *Savignys* von der Praxis voll anerkannt worden. Die innerhalb[98] und außerhalb[99] der historischen Rechtsschule geäußerte Kritik an der spiritualistischen Theorie hat die Praxis nicht beeindruckt. In keinem der einschlägigen Urteile sind Autoren, die nicht den Standpunkt Puchtas und Savignys vertraten, erwähnt.

Auch die gegen Ende der fünfziger Jahre des 19. Jahrhunderts einsetzende Reaktion[100] auf die Hochschätzung des Gewohnheitsrechts durch die historische Rechtsschule macht sich in den Entscheidungen bis 1861 noch nicht bemerkbar. Dagegen äußert sie sich in der Redaktion des Sächsischen Bürgerlichen Gesetzbuches von 1863. Im Einklang mit der gesetzgeberischen Tradition[101] bestimmte dieses in § 28: „Durch Gewohnheiten können weder Gesetze aufgehoben, noch abgeändert, noch neue Vorschriften mit Gesetzeskraft eingeführt werden.“[102]

Die Frage, weshalb sich die Lehre *Savignys* und *Puchtas* in der Praxis so rasch und gründlich durchgesetzt hat, läßt sich unschwer beantworten. Bei der Lückenhaftigkeit des gesetzten Rechts kam dem Gewohnheitsrecht für den damaligen Rechtszustand eine nicht zu unterschätzende Bedeutung zu. Den Gerichten mußte daher vor allem daran gelegen sein, eine wissenschaftlich überzeugende und zudem praktikable Gewohnheitsrechtstheorie zu besitzen. Diesem Bedürfnis entsprach die Theorie der historischen Rechtsschule jedenfalls besser als die Theorie der älteren gemeinrechtlichen Lehre. Aus deren zahllosen Kontroversen zu einzelnen Fragen ließ sich nur schwer

---

[98] Vgl. dazu oben S. 84.

[99] Vgl. *Stahl*, Rechtsphilosophie II S. 136 ff.; *Kierulff*, Theorie I S. 6 ff.; *Mühlenbruch*, Pandecten, 1. Th., § 38.

[100] Siehe *Jhering*, Geist II, 1 S. 29; *Windscheid*, Pandekten I S. 41 Note 4; Verhandlungen des Dt. Juristentages 1864 S. 49 ff.; später noch *Jhering*, Kampf S. 10.

[101] Vgl. oben S. 77 ff.; außerdem auch *Tilsch*, Festschr. zur Jahrhundertfeier des ABGB II S. 37 f.

[102] Vgl. die Kritik dieser Vorschrift durch *Bluntschli*, Krit. Vierteljahresschr. III (1861) S. 434 ff. Über den 1. Entwurf des BGB vgl. *Isay*, Rechtsnorm und Entscheidung S. 233; über die Rechtsprechung des Reichsgerichts vgl. *Kuhlenbeck*, JW 1895, 156 ff.; *Zitelmann*, AcP XLVI (1883) S. 323 ff.

eine einheitliche und in sich geschlossene Gewohnheitsrechtstheorie gewinnen. Auch entsprachen deren Regeln, nach welchen die Parteien das Gewohnheitsrecht vor Gericht beweisen mußten, nicht dem Bedürfnis des Rechtslebens. Denn nur selten gelang es einer Partei, das von ihr behauptete Gewohnheitsrecht zu beweisen, auch wenn es tatsächlich bestand[103].

Savigny und *Puchta* haben demgegenüber eine klare, die Zeitgenossen überzeugende Gewohnheitsrechtstheorie geschaffen, die auch den Anforderungen des praktischen Rechtslebens genügte. Ihre Auffassung, daß das Gewohnheitsrecht nicht aus der Gewohnheit, sondern aus der als Motiv vor der Gewohnheit liegenden gemeinsamen Volksüberzeugung entstehe, erschien so einleuchtend, daß sich bei den Gerichten keine Zweifel an der Richtigkeit dieser Meinung regten. Diese ansprechende, in sich geschlossene Theorie befriedigte das Bedürfnis der „practischen Rechtsgelehrten" nach wissenschaftlicher Begründung der von ihnen anzuwendenden Lehren. Sie kam aber auch den praktischen Bedürfnissen selbst sehr entgegen. Zwar haben weder Savigny noch Puchta für die Praxis geschrieben, was sich schon daran zeigt, daß sie auf die Ansichten der Praxis überhaupt keine Rücksicht nahmen und nicht einmal dann Gerichtsentscheidungen mitteilten, wenn sie in ihren Lehren mit der älteren gemeinrechtlichen Gewohnheitsrechtstheorie übereinstimmten. Aber mittels der von Puchta und Savigny entwickelten Theorie ließen sich Ergebnisse erzielen, die weitaus besser als die der älteren Lehre den Anforderungen der Gerichtspraxis entsprachen. Denn unzweifelhaft entsprach es den Bedürfnissen des Rechtslebens, die Feststellung von Gewohnheitsrecht vor Gericht durch allgemeine Zeugnisse zu gestatten, weil einzelne Fälle, in denen ein bestehendes Gewohnheitsrecht tatsächlich angewendet worden war, nur schwer nachgewiesen werden konnten. Auch verschaffte die neue Lehre dem alten unbestrittenen Grundsatz „Iura novit curia" uneingeschränkte Geltung. Nur sie wurde dem Richteramt gerecht, während die ältere Auffassung den Richter in einer Rechtsfrage an den Vortrag und den Beweisantritt einer Prozeßpartei band und daher des Richteramtes unwürdig war. So dürfte auch die hohe Auffassung von der Stellung des Richters im Prozeß nicht unwesentlich zur Anerkennung der neuen Gewohnheitsrechtslehre in der Praxis beigetragen haben.

Anhang:
„Romanisierung" der Praxis hinsichtlich der Gewohnheitsrechtslehre der historischen Rechtsschule?

Als Ergebnis der vorstehenden Ausführungen ist festzuhalten, daß um die Mitte des 19. Jahrhunderts die Gewohnheitsrechtslehre der historischen

---

103 Vgl. o. S. 77.

Rechtsschule in der Praxis volle Anerkennung und Anwendung gefunden hat. Die ältere gemeinrechtliche Lehre vom Gewohnheitsrecht ist nicht mehr angewendet worden. Die Frage bleibt, ob die historische Rechtsschule an Stelle der überkommenen Auffassung römischrechtlichen Ansichten zum Durchbruch verholfen hat, so daß man nach dem Wort *Gierkes*[104] von einer „neuen Verrömerung" der Praxis hinsichtlich der Gewohnheitsrechtslehre sprechen könnte.

Die gemeinrechtliche Gewohnheitsrechtstheorie, wie sie vor dem Auftreten der historischen Rechtsschule herrschte, geht in ihrem Kern ohne Zweifel auf das römische Recht zurück. Die in den Quellen der germanischen Völker und in den mittelalterlichen Rechten bis zur Rezeption des römischen Rechts in Deutschland verschiedentlich vorhandenen Gedanken und Ansätze über Gewohnheitsrecht[105] wurden durch die Rezeption völlig zurückgedrängt[106]. In der Folgezeit war Ausgangspunkt für die Fortentwicklung der Gewohnheitsrechtslehre das römische Recht, doch nicht das von der historischen Rechtsschule bevorzugte sog. „reine", sondern das von Glossatoren und Postglossatoren bearbeitete römische Recht. Denn nur dieses war Gegenstand der Rezeption. Es kann in diesem Zusammenhang dahingestellt bleiben, inwieweit die ältere gemeinrechtliche Gewohnheitsrechtstheorie vor *Savigny* und *Puchta* aus römisch- oder deutschrechtlichen Elementen bestand; denn die historische Rechtsschule trat dieser Lehre mit dem in ihrem Programm begründeten Ausspruch gegenüber, daß nur ihre, allein auf römischem Recht beruhende Theorie Anspruch auf Geltung habe.

Für die Lehre vom Gewohnheitsrecht gilt jedoch, was bereits früher über das Verhältnis *Savignys* und seiner Schüler zu den Quellen ausgeführt worden ist[107]. Schon vor *Landsberg*, der *Puchta* vorwirft, er habe die Quellen ziemlich willkürlich herangezogen[108], haben *Pernice* und *Brie* betont, daß die Gewohnheitsrechtslehre der historischen Rechtsschule nicht quellengemäß sei. Brie[109] bemerkt, Puchtas Stellung zu den Quellen sei nicht unvoreingenommen gewesen, und Pernice[110] stellt fest: „Puchta und Savigny haben ihre Lehre nicht auf die römischen Quellen zurückgeführt."

In der Tat unterscheidet sich die Theorie, die Puchta und Savigny als geltendes, weil auf dem Corpus iuris beruhendes Gewohnheitsrecht lehren,

---

[104] *Gierke*, Dt. Privatrecht S. 24.

[105] Vgl. hierzu *Brie*, Gewohnheitsrecht S. 202 ff. mit Nachweisen aus den Quellen.

[106] *Brie* a. a. O. S. 211/212.

[107] Vgl. o. S. 35 ff.

[108] *Stintzing-Landsberg* III, 2 S. 445.

[109] *Brie*, Gewohnheitsrecht S. III/IV.

[110] *Pernice*, SavZRA 22 (1901) S. 69 FN 3; vgl. auch H. *Isay*, Rechtsnorm und Entscheidung S. 230.

in erheblicher Weise von dem, was die Romanisten in der Zeit nach der historischen Rechtsschule aus den römischen Rechtsquellen herleiten konnten. Nach heutiger romanistischer Lehre haben die klassischen Juristen, also gerade diejenigen, denen nachzueifern ein besonderes Anliegen der historischen Rechtsschule war, eine Gewohnheitsrechtstheorie nicht gekannt[111]. Puchta stimmt mit dieser Erkenntnis insofern überein, als er zugibt, daß seine Rechtsquellenlehre, nämlich „natürliche Übereinstimmung des Willens, Gesetzgebung und Wissenschaft" bei den römischen Juristen nicht zu finden sei[112]. Wenn er die Erklärung für diese Tatsache darin sieht, daß die Römer die äußere Erscheinung des Gewohnheitsrechts in der Sitte nicht von demjenigen getrennt haben, was Wesen und Grundlage der Sitte ausmache[113], dann tritt hierin seine spiritualistische Auffassung vom Gewohnheitsrecht zutage. Doch gerade diese spiritualistische Ansicht läßt sich, wie auch aus Puchtas eigenen Worten ersichtlich ist, eben nicht aus dem römischen Recht herleiten. Denn in den im Corpus iuris enthaltenen Stellen bilden „consuetudo" und „consensus omnium" die beiden Elemente, aus denen Gewohnheitsrecht entsteht[114]. Puchta läßt diese beiden Elemente zwar für den Begriff des Gewohnheitsrechts gelten. Aber als Erfordernis für dessen Entstehung erscheint ihm das Element der „consuetudo" entbehrlich[115]. Nach ihm ist für die Entstehung von Gewohnheitsrecht die gemeinsame Volksüberzeugung allein maßgebend. Der Äußerung dieser Überzeugung bedürfe es dagegen nicht, weil die tatsächliche Übung von Gewohnheitsrecht in der Volkssitte nur die „Äußerung eines schon Entstandenen" sei. *Savignys* und *Puchtas* Gewohnheitsrechtslehre entspricht daher keineswegs dem „reinen" römischen Recht, wie es die historische Rechtsschule verstand. Zwar beruht sie, wie schon die ältere gemeinrechtliche Theorie, auf den römischen Rechtsquellen. Aber Savigny und Puchta haben diese Quellen auf andere Weise interpretiert, als es früher geschehen ist. Die Entwicklung der Gewohnheitsrechtstheorie kann geradezu als typisches Beispiel dafür dienen, wie die historische Rechtsschule zu den Quellen stand. Denn Ursprung und Wurzel von Savignys und Puchtas Gewohnheitsrechtslehre liegen in deren Rechtsentstehungslehre. Die Quellen haben sich dieser Rechtsentstehungslehre zu fügen.

---

[111] *Schmiedel,* Gewohnheitsrecht S. 6/7 mit Nachweisen in FN 16 auf S. 7; vgl. auch D. *Nörr,* in Festschr. für Felgentraeger S. 152 ff.

[112] *Puchta,* Gewohnheitsrecht I S. 68.

[113] *Puchta* a. a. O. S. 69.

[114] D. 1. 3. 32 und D. 1. 3. 35.

Vgl. Pernice, SavZRA 22 (1901) S. 82; *Brie,* Gewohnheitsrecht S. 12, 15; *Schmiedel,* Gewohnheitsrecht § 16 S. 58 ff. mit weiteren Nachweisen; *Ehrlich,* Grundlegung S. 357; *Isay,* Rechtsnorm und Entscheidung S. 230.

[115] *Puchta,* Gewohnheitsrecht I S. 92.

Nach *Puchta* ist die erste[116] Rechtsquelle das Volk, das seiner rechtlichen Überzeugung Ausdruck verleiht, indem es einen Rechtssatz tatsächlich übt. Die gemeinsame Voksüberzeugung ist der Ursprung allen Rechts. Die verschiedenen Rechtsformen — Gewohnheitsrecht, Gesetz und wissenschaftliches Recht — unterscheiden sich nur in der Art und Weise ihrer Entstehung voneinander. Das Gewohnheitsrecht verdankt seine Entstehung unmittelbar der Volksüberzeugung. Gesetz und wissenschaftliches Recht beruhen nur mittelbar auf der Volksüberzeugung. Zu ihrer Entstehung bedarf es jeweils eines besonderen Organs, der gesetzgebenden Körperschaft bzw. der Rechtswissenschaft.

Diese Auffassung von der Entstehung des Rechts im allgemeinen und des Gewohnheitsrechts im besonderen ist nicht römischen Ursprungs. Ihr eigentlicher Ursprung ist bis heute im Unklaren. Es ist indes nicht Aufgabe dieser Untersuchung, diese Unklarheit aufzuhellen. Für deren Zweck genügt es vielmehr, wenn festgestellt wird, daß die Gewohnheitsrechtslehre *Savignys* und *Puchtas* auf der allgemeinen Rechtsentstehungslehre der historischen Rechtsschule beruht. Sowohl deren reine spiritualistische Auffassung vom Gewohnheitsrecht als auch die aus ihr folgenden einzelnen Lehren über die Erfordernisse der Übung, den Einfluß von Irrtum, die Feststellung vor Gericht, die derogatorische Kraft und den Untergang des Gewohnheitsrechts sind ohne die Theorie von der Entstehung des Rechts aus der Volksüberzeugung nicht möglich. Allein diese Grundthese der historischen Rechtsschule bildet daher den Ursprung und die Wurzel ihrer Gewohnheitsrechtslehre[117], nicht dagegen das römische Recht.

Die Praxis hat diese Gewohnheitsrechtstheorie anerkannt. Man wird daher nicht zu viel behaupten, wenn man aus dieser Tatsache den Schluß zieht, daß die Praxis auch der Rechtsentstehungslehre der historischen Rechtsschule wenigstens mittelbar zustimmt.

Daher erscheint es nicht vertretbar, im Bereich der Gewohnheitsrechtslehre von einer „neuen Romanisierung" der Praxis zu sprechen. Zwar ist es richtig, daß die neue Lehre die ältere gemeinrechtliche Theorie des Gewohnheitsrechts verdrängt hat. Aber die Verdrängung dieser älteren, dem praktischen Bedürfnis des Rechtslebens wenig entsprechenden Lehre bedeutet umso weniger eine Romanisierung, als insbesondere die erleichterte Feststellung des Gewohnheitsrechts vor Gericht gut geeignet war, manchen alten Brauch und manches alte Recht weiterhin am Leben zu erhalten.

---

[116] *Puchta*, Gewohnheitsrecht II S. 144 ff.

[117] Vgl. auch H. *Isay*, Rechtsnorm und Entscheidung S. 230.

2. Kapitel

DIE LEHRE SAVIGNYS VON DER TRADITION ALS ABSTRAKTEM DINGLICHEN VERTRAG.

I. Die Lehre von titulus und modus acquirendi und der iusta causa traditionis verglichen mit der Lehre Savignys

Savignys Einfluß auf die Übereignungslehre ist in der gleichnamigen Dissertation *Felgentraeger*s ausführlich dargestellt worden. Es erscheint daher nicht geboten, im einzelnen auf die Übereignungstheorie Savignys im Unterschied zu der im 18. Jahrhundert herrschend gewesenen Lehre von titulus und modus acquirendi und der iusta causa traditionis einzugehen. Zum besseren Verständnis ist jedoch eine gedrängte Darstellung der alten und der neuen Lehre angebracht.

Die Tituluslehre in der Ausprägung der Wolffschen Schule besagt, daß für jeden Rechtserwerb ein gesetzlich anerkannter Grund (titulus als iusta causa), der den Erwerb ermöglicht, und eine tatsächliche Handlung (modus acquirendi), welche den Erwerb verwirklicht, vorhanden sein müsse[1]. Titulus und modus sind nicht für jeden Rechtserwerb gleich, sondern je nachdem, welches Recht erworben werden soll, verschieden.

Gegen die Erstreckung der Tituluslehre auf jeden Rechtserwerb hatten sich um die Wende des 18. zum 19. Jahrhundert *Thibaut*[2] und vor allem *Hugo*[3] gewandt. Es gelang ihnen, die bislang herrschende Lehre insoweit zu widerlegen und zurückdrängen. Ihre Ansicht, daß die Lehre vom titulus und modus acquirendi in der Regel nur für den Eigentumserwerb durch Tradition gelten könne, fand allgemeine Zustimmung[4]. Bei *Glück*[5], den man als Repräsentanten der damals herrschenden Auffassung ansehen kann[6], ist die Übereignungslehre *Thibauts* und *Hugos* zusammenfassend dargestellt.

Nach dieser Lehre galt für den häufigsten Fall des Eigentumserwerbs, nämlich für die Übereignung beweglicher Sachen, folgendes:

Das Eigentum wurde erworben auf Grund eines Titels, welcher „die rechtmäßige Ursache“[7] (iusta causa oder iustus titulus) ist, auf Grund dessen

---

[1] Vgl. *Hofmann*, Die Lehre vom titulus S. 6; *Fuchs*, Iusta causa S. 70 ff.
[2] *Thibaut*, Versuche I S. 216 ff.
[3] *Hugo*, Civilistisches Magazin I S. 83 ff., IV S. 137 ff.
[4] *Hofmann*, Die Lehre vom titulus S. 8.
[5] *Glück*, Pandecten VIII §§ 578 f.
[6] *Felgentraeger*, Einfluß S. 24; *Fuchs*, Iusta causa S. 80.
[7] *Glück*, Pandecten VIII S. 89.

jemand die Übereignung verlangen kann. Außerdem war die Übergabe der zu übereignenden Sache erforderlich. Als iustus titulus oder iusta causa war das Rechtsgeschäft anzusehen, auf Grund dessen die Übereignung erfolgen sollte. Der Titel war daher das der Übergabe zugrunde liegende kausale Verpflichtungsgeschäft (obligatio), ohne welches das Eigentum nicht übergehen konnte[8]. Die Übergabe, durch die in Erfüllung des dem Eigentumserwerb zugrunde liegenden Rechtsgeschäfts der Besitz übertragen wurde, wurde als modus acquirendi bezeichnet[9]. Sie stellte lediglich einen Naturalakt dar[10]. Demgemäß konnte die bloße Übergabe ohne gültiges Kausalgeschäft die Übereignung nicht bewirken. Die Nichtigkeit des Verpflichtungsgeschäfts hatte die Nichtigkeit des Eigentumsüberganges zur Folge[11].

Fraglich blieb die Gültigkeit des Eigentumsüberganges, wenn die Vertragspartner zwar über den zu übereignenden Gegenstand, nicht aber hinsichtlich des Übereignungsgrundes einig waren. Im Corpus iuris war die Frage widersprüchlich entschieden. Nach *Julian*[12] kam der Uneinigkeit der Parteien hinsichtlich der causa keine Bedeutung zu, so daß also trotz dieser Uneinigkeit Eigentum übertragen wurde. *Ulpian*[13] dagegen verneinte in derartigen Fällen die Wirksamkeit der Übereignung. Entsprechend der Widersprüchlichkeit des römischen Rechts waren die Meinungen unter den Rechtsgelehrten des 17. und 18. Jahrhunderts kontrovers, da allen Versuchen zum Trotz die beiden Stellen des Corpus iuris nicht miteinander vereinbart werden konnten. Zur Zeit *Hugo*s hatte sich aber die Meinung *Julian*s als herrschend durchgesetzt[14].

In der Doktrin war, wie oben ausgeführt, von der verallgemeinernden Tituluslehre der Wolffschen Schule nur wenig übrig geblieben. Ob die Praxis der Einschränkung dieser Lehre durch *Thibaut* und *Hugo* folgte, kann hier dahin stehen; denn solange die Doktrin für den Eigentumserwerb durch Tradition noch an der Tituluslehre festhielt, stimmten Theorie und Praxis wenigstens insoweit überein.

Zu Beginn der zwanziger Jahre des 19. Jahrhunderts aber machten sich in der Doktrin neue Regungen bemerkbar, welche über die von *Hugo*, *Thibaut* und anderen Autoren vertretene Lehre hinausführten. Nach den Forschungen *Felgentraeger*s sind diese neuen Bestrebungen auf *Savigny*s Einfluß

---

[8] *Glück* a. a. O.
[9] *Glück* a. a. O. S. 90.
[10] *Hofmann*, Die Lehre vom titulus S. 5 f., 29 f., 140.
[11] *Glück*, Pandecten VIII S. 113.
[12] D. 41. 1. 36.
[13] D. 12. 1. 18.
[14] *Glück*, Pandecten VIII S. 112; *Felgentraeger*, Einfluß S. 23 f.

zurückzuführen. Savigny hat nach den überkommenen Quellen[15] bereits in den Jahren 1815/1816 die Tituluslehre für die Übereignung verworfen und die Tradition als selbständigen dinglichen Vertrag bezeichnet[16]. Etwa ein gutes Jahrzehnt später lehrte *Savigny* bereits das, was er viel später im „System"[17] und im „Obligationenrecht"[18] niedergeschrieben hat[19].

Nach *Savigny* ist die Tradition ein dinglicher Vertrag, auf dessen Zustandekommen die allgemeinen Regeln über Willenserklärungen Anwendung finden. Das Eigentum geht über, weil die Vertragsparteien es so wollen. Indem Savigny diesen Willen als genügend bezeichnet, löst er die Gültigkeit der Übereignung von dem ihr zugrunde liegenden obligatorischen Verpflichtungsgeschäft. Das obligatorische Verpflichtungsgeschäft wird auf die Rolle des Motivs für die Eigentumsübertragung beschränkt. Die Verfügung behält daher auch ohne dieses Grundgeschäft ihre Gültigkeit (Abstraktionsprinzip)[20]. Die in den Quellen als iustae causae bezeichneten Rechtsgeschäfte dienen nur als Anhaltspunkte für die Erkenntnis des Übereignungswillens.

Innerhalb der historischen Rechtsschule vertreten *Puchta*[21] und ihm folgend *Böcking*[22] eine abweichende Auffassung. *Puchta* unterscheidet sich insofern von *Savigny*, als er den Übereignungswillen der Vertragsparteien als die in den Quellen geforderte iusta causa ansieht. Seine Auffassung hat sich jedoch nicht durchgesetzt.

Obwohl die Lehre *Savignys* in seinen Schriften nicht zusammenhängend dargestellt ist, fand sie sehr früh Anhänger. Schon bevor „System" und „Obligationenrecht" erschienen waren, haben Schüler seine Ansichten vorgetragen[23]. Als Savignys Lehren in seinen eigenen Werken veröffentlicht waren, begannen sie sich in der Doktrin langsam aber unaufhaltsam durchzusetzen[24]. In den Beratungen zum BGB sind sie nicht mehr in Frage gestellt worden, obwohl einige Kritiker starke Bedenken geäußert hatten[25].

---

[15] *Felgentraeger* a. a. O. S. 32.

[16] *Felgentraeger,* Einfluß S. 34.

[17] *Savigny,* System III S. 312 f.

[18] *Savigny,* Obligationenrecht II S. 249 ff.

[19] *Felgentraeger,* Einfluß S. 26 ff.

[20] *Savigny,* Obligationenrecht II S. 256 f.; *ders.,* System III § 140 (S. 312 f.), S. 355.

[21] *Puchta,* Institutionen II S. 571.

[22] *Böcking,* Pandecten § 133.

[23] Z. B. *Regenbrecht,* Commentatio ad legem de acquir. rer. dom., Diss. iur. Berlin 1820; *Warnkoenig,* AcP VI (1823) S. 111 ff.; vgl. *Felgentraeger,* Einfluß S. 41.

[24] *Felgentraeger* a. a. O. S. 41 ff.

[25] *Schubert,* Besitz und Eigentumsübertragung S. 101 ff., 144 ff., 155, 161 mit Nachweisen.

II. Die Lehre Savignys in der Gerichtspraxis

Für die Praxis scheint jedoch anderes zu gelten. Im Jahre 1866 bemerkt *Ziebarth*[26], die Lehre vom titulus und modus acquirendi sei in der Rechtsprechung noch immer nicht ganz verdrängt. Man muß indessen berücksichtigen, daß die Gerichte in den größten und wichtigsten Territorien — Preußen[27], Österreich[28] und Bayern[29] — an Gesetze gebunden waren, welche der Tituluslehre folgten.

Inwieweit die Übereignungslehre Savignys in den gemeinrechtlichen Gebieten Anwendung gefunden hat, läßt sich nur schwer feststellen, vor allem deswegen, weil Rechtsstreitigkeiten, in denen der Abstraktionsgrundsatz praktische Auswirkungen zeigt, nicht allzu häufig vorkommen. In Betracht kommen jedoch die Bereicherungsklagen; hier zeigen sich praktische Auswirkungen, weil nach der Lehre *Savignys* eine rechtsgrundlos übereignete Sache nicht mit der Eigentumsherausgabeklage (Vindikation), sondern nur mit der Bereicherungsklage (Kondiktion) zurückgefordert werden konnte. Allerdings sind auch Entscheidungen, welche den Klagen auf Herausgabe einer Sache nur auf Grund der Bereicherungsvorschriften stattgaben, kein ganz sicheres Zeichen dafür, daß die Praxis die neue Lehre befolgt hat; denn auch nach der Tituluslehre konnte eine übereignete Sache nur mit der Kondiktion zurückgefordert werden, wenn die Parteien über den Titel geirrt, aber in der Absicht, Eigentum zu übertragen, übereingestimmt hatten[30].

Auch *Savigny* hatte sich im Ergebnis dieser auf *Julian* zurückgehenden Meinung angeschlossen[31]: „eine aus Irrthum entsprungene Tradition ist vollgültig". Zur Begründung wies er u. a. hin auf die „Natur des freien Willens selbst" und auf die Existenz einiger Institute des römischen Rechts, besonders der Kondiktion. Die Kondiktion wäre nicht denkbar, wenn der Irrtum über die causa das vorgenommene Geschäft erfasse und ungültig mache[32].

Eine Entscheidung zu diesem Problemkreis enthält ein Urteil des OAG Wiesbaden aus dem Jahre 1853[33]. Das Gericht führt aus:

---

[26] *Ziebarth*, Realexecution S. 202.

[27] ALR I 2 §§ 131, 132; I 9 §§ 1—6; vgl. auch *Koch*, C. F., ALR I, Anm. zu ALR I 9 § 2; *Dernburg*, Preuß. Privatrecht I S. 425; OT *Berlin* 1840, OTE 5, 291/296; *RG* 1895, JW 1896, 211.

[28] ABGB §§ 317, 320, 380, 381, 449, 351 ff.; vgl. *Rappaport*, Festschr. zur Jahrhundertfeier des ABGB II S. 399 ff.

[29] Codex Maximilianeus bavaricus civilis, Theil 2 Cap. 2 und 3.

[30] Vgl. o. S. 98.

[31] *Savigny*, System III S. 355; *ders.*, Obligationenrecht II S. 256/257.

[32] *Savigny*, System III S. 360 und 447 ff.

[33] OAG *Wiesbaden* 1853, *Seuff.* X Nr. 231.

„Eine Eigenthumsübertragung (Tradition) wird dadurch nicht ungültig, daß die Tradition aus Irrthum geschehen ist, und nach dem ihr zu Grunde liegenden Vertrage der Uebergebende zur Uebergabe überhaupt oder theilweise nicht verpflichtet war, aber irrthümlich dennoch übergeben und hierdurch eine Nichtschuld bezahlt hat, indem in diesem Falle zwar die Rückforderung der tradirten Sache gestattet ist, jedoch nicht mit der Klage aus dem Eigenthum, das beim Uebergebenden nicht geblieben ist, sondern nur mit einer persönlichen, auf den Irrthum bei der Uebergabe gestützten Klage, also mit einer Condiction, . . .“

Aus dieser Entscheidung wird allerdings nicht klar, ob das Eigentum deshalb übergangen ist, weil beim Irrtum eine Ausnahme von der grundsätzlichen Bindung der Verfügung an das Verpflichtungsgeschäft angenommen worden ist, oder weil der Irrtum über das Grundgeschäft die Verfügung an sich nicht berührt.

Auch das folgende Urteil des OAG Rostock[34] ergibt nicht eindeutig, ob nach ihm das dingliche Rechtsgeschäft der Tradition als ein von dem ihm zugrunde liegenden Kausalgeschäft unabhängiger Vertrag anzusehen ist:

„Daß Eigenthum und Besitz der verkauften Sache nicht schon in Folge des Abschlusses des Kaufcontractes, sondern erst durch die Tradition auf den Käufer übergehen, unterliegt da, wo beide Momente schon der Zeit nach auseinanderfallen, überall keinem Zweifel. Daraus folgt aber auch, daß in solchen Fällen, in denen es einer besonderen Uebergabe, weil die Sache sich bereits in der Detention des Käufers befindet, oder aus anderen Gründen, nicht bedarf, der Eigenthumsübergang zwar gleichzeitig mit dem Vertragsabschlusse erfolgen kann, wenn dies der Wille der Contrahenten ist, daß dies aber nicht eine nothwendige Folge des Vertragsabschlusses, sondern nur des auf sofortige Tradition gerichteten Willens der Contrahenten ist, und daß daher im einzelnen Falle zu ermitteln bleibt, ob die Absicht der Contrahenten darauf gerichtet war . . .“

Man wird diese Entscheidung aber wohl nicht mehr im Sinne der alten Tituluslehre interpretieren können. Denn die Betonung des Parteiwillens und der Parteiabsichten zeigt, daß die Übergabe nicht mehr als reiner Naturalakt angesehen wird[35].

Eindeutig auf dem Boden der Lehre *Savignys* stehen die folgenden Entscheidungen. Bereits in einem Urteil aus dem Jahre 1836 führt das OAG Wiesbaden aus[36]:

„Von der Vindication der Sache wegen Nichtigkeit des Geschäfts und deren Rechtsfolgen kann in solchen Fällen nicht die Rede seyn, wo die Sache, in der Absicht, Eigenthum zu übertragen, tradirt worden ist . . . Die condictio, welche die Gesetze für diese Fälle geben, schließt nothwendig die vindicatio aus; denn ihre Statthaftigkeit zeigt unzweifelhaft,

---

[34] OAG *Rostock* 1859, *Buchka* III Nr. 33 (S. 135).

[35] Etwas eindeutiger OT *Stuttgart* 1856, *Seuff.* XIII Nr. 82; OAG *Rostock* 1860, *Buchka* IV Nr. 34.

[36] OAG *Wiesbaden* 1836, *Seuff.* II Nr. 58 (S. 68) = *Flach* I S. 124/125.

daß bei dem Uebergebenden kein Eigenthum geblieben und dasselbe auf den Empfänger übergegangen sey, ..."

Im Jahre 1840 kennzeichnet dasselbe Gericht[37] „das Wesen der römischen Tradition" als eine

„ernstliche unter Hinweisung auf die näher oder auch entfernter befindliche Sache abgelegte Erklärung des Besitzers, daß er dieselbe nun als Eigenthum des gegenwärtigen Mitcontrahenten betrachtet wissen wolle, ..."

Nach Auffassung des OAG Celle[38] würde

„die Ungültigkeit des Kaufcontractes allein nicht genügen, um die angestellte Eigenthumsklage als hinfällig erscheinen zu lassen, indem die zum Eigenthumserwerbe durch Tradition erforderliche iusta causa an sich nur in dem übereinstimmenden auf Geben und Nehmen von Eigenthum gerichteten Willen des Tradenten und Empfängers besteht ..."

Diese drei Entscheidungen sind die einzigen in dem benutzten Quellenmaterial aufgefundenen, die eindeutig[39] die Lehre *Savignys* befolgt haben. Sie reichen nicht hin für die These, die Praxis habe die neue Lehre befolgt. Eine sichere Widerlegung jener These erscheint allerdings ebenfalls nicht möglich. Man wird aber nicht fehlgehen in der Annahme, daß die Rechtsprechung der Lehre Savignys sehr zurückhaltend gegenüberstand. Denn auch die Motive zum BGB[40] enthalten keine Hinweise darauf, daß das in der Lehre fast unbestrittene Prinzip Savignys in der Praxis befolgt worden ist. Sogar *Windscheid*, dessen „Pandekten" die Rechtsprechung im allgemeinen sehr genau nachweisen, vermag keine Urteile im Sinne der Theorie

---

[37] OAG *Wiesbaden* 1840, *Flach* I S. 18/21.

[38] OAG *Celle* 1860, *Seuff.* XIV Nr. 90.

[39] Unklar: OAG *Cassel* 1837, *Seuff.* III Nr. 177; OT *Stuttgart* 1851, *Seuff.* V Nr. 93 (S. 108); OAG *Darmstadt* 1853, *Seuff.* VI Nr. 320 (S. 455 hält das Gericht eine condictio nur dann für zulässig, wenn „die vermöge eines nichtigen Geschäftes hingegebene Sache bereits consumirt und der Empfänger hierdurch bereichert worden, so daß die Sache in Natur mit einer Vindication, als deren Ersatz die condictio gegeben ist, nicht wieder erlangt werden kann." *Seuffert* bemerkt hierzu: „Voraussetzung des obigen Satzes ist, daß der Fehler der causa tradendi auch den Eigenthumsübergang gehindert hat. Diese Verhinderung tritt keineswegs in Fällen der Nichtigkeit des vorausgegangenen Vertrages auch nur regelmäßig ein.") Urteile im Sinne der Tituluslehre: OT *Stuttgart* o. D., *Seuff.* II Nr. 138; OAG *München* 1846, *Seuff.* II Nr. 57 (mit Bezug, in einer anderen Rechtsfrage, auf *Savigny*, System V S. 527); OAG *Kiel* 1845, *Seuff.* VI Nr. 148; OAG *Lübeck* 1831, *Seuff.* XII Nr. 122; OAG *Celle* 1858, E III Nr. 84 (S. 113). — Dagegen OAG *Rostock* 1862, *Buchka* V Nr. 24 im Sinne *Savignys* mit ausdrücklichem Bezug auf *Savigny*, Obligationenrecht II S. 254—261, außerdem auf *Warnkoenig*, AcP VI (1823) S. 111 ff. und *Stempel*, Ueber die justa causa bei der Tradition, Wismar und Ludwigslust 1856 (*Buchka* a. a. O. S. 60/61).

[40] Motive III S. 332 ff.

Savignys anzugeben[41]. Ein Blick auf die reichsgerichtliche Rechtsprechung bestätigt im übrigen den Eindruck von der Zurückhaltung der Praxis. In einem Urteil des Reichsgerichts aus dem Jahre 1896[42] wird beiläufig bemerkt, daß die Lehre Savignys in der gemeinrechtlichen Theorie und Praxis „Anklang gefunden" habe. Belege aus der gemeinrechtlichen Praxis vor Gründung des Reichsgerichts werden jedoch nicht mitgeteilt. Dagegen verweist das genannte Urteil auf mehrere Entscheidungen des Reichsgerichts selbst, in denen die verschiedenen reichsgerichtlichen Senate teils der alten Tituluslehre[43], teils Savigny gefolgt sind[44]. Angesichts dieser Unentschiedenheit des höchsten deutschen Gerichts in einem Zeitpunkt, in dem der Abstraktionsgrundsatz im Begriffe stand, fortan als gesetzliche Regelung zu gelten, verwundert es nicht, wenn in den Jahren bis 1861 nur Spuren von *Savignys* Übereignungslehre aufzufinden sind.

3. Kapitel

DIE LEHRE VON DER WIRKSAMKEIT DER VERTRÄGE ZUGUNSTEN DRITTER.

§ 328 Abs. 1 BGB bestimmt: „Durch Vertrag kann eine Leistung an einen Dritten mit der Wirkung bedungen werden, daß der Dritte das Recht erwirbt, die Leistung zu fordern." Diese Vorschrift, die den unmittelbaren Rechtserwerb des Dritten aus dem zu seinen Gunsten geschlossenen Vertrag ohne dessen eigenes Zutun anerkennt, steht am Ende einer langen rechtsgeschichtlichen Entwicklung, deren Gang verhältnismäßig gut erforscht ist[1]. Für den Zweck der vorliegenden Abhandlung genügt es, wenn die Dogmenentwicklung der Verträge zugunsten Dritter während des 18. Jahrhunderts kurz skizziert wird und die Unterschiede zwischen der gegen Ende des Jahrhunderts herrschenden Lehre und der Lehre der historischen Rechtsschule aufgezeigt werden. Im Anschluß daran ist die Rechtsprechung bis 1861 darzustellen.

I. Stand der Lehre gegen Ende des 18. Jahrhunderts

Grundlage für die wissenschaftliche Erörterung des Vertrages zugunsten Dritter in der Doktrin des 18. Jahrhunderts waren die Vorschriften des

---

[41] *Windscheid,* Pandekten I §§ 171 ff.
[42] *RG* 1896, JW 1896 S. 211 (Nr. 47).
[43] *RG* 1896, JW 1896 S. 82 (Nr. 71), *RGZ* 2, 173 ff.
[44] *RGZ* 13, 200 ff.
[1] Vgl. die Untersuchungen von *Gareis, Wesenberg, Bauer* und Ulrich *Müller.*

Corpus iuris. Nach dessen Regelungen konnte jedoch grundsätzlich niemand durch eine andere freie Person berechtigt oder verpflichtet werden[2]. Demgemäß wurde, ebenso wie die direkte Stellvertretung, auch der Vertrag zugunsten Dritter prinzipiell nicht als zulässig angesehen[3], ja das Corpus iuris kannte nicht einmal eigene Termini für diese beiden Rechtssinstitute[4]. Nach dem Grundsatz „alteri stipulari nemo potest"[5] wurden sogar die heute sog. unechten Verträge zugunsten Dritter nur ausnahmsweise anerkannt; das Recht des Corpus iuris ließ solche Ausnahmen dann zu, wenn die Leistung des Versprechenden (Promittenten) an den Dritten im Interesse des Versprechensempfängers (Promissars) ausbedungen war[6].

Für diese Regelung des römischen Rechts dürfte ausschlaggebend gewesen sein, daß das Rechts- und Wirtschaftssystem der Römer die prinzipielle Anerkennung eines Instituts des Vertrages zugunsten Dritter nicht erforderte[7]. Denn der römische Rechtsverkehr wurde im allgemeinen mit Hilfe von rechtsunfähigen Sklaven abgewickelt, und alles, was diese erwarben, fiel grundsätzlich ihren Gewalthabern zu und berechtigte diese unmittelbar. In Fällen, in denen keine Sklaven beteiligt werden konnten, kam man mit den adjektizischen Klagen aus, und wenn diese nicht angewendet werden konnten, ließ sich mit den anerkannten Ausnahmen von dem Grundsatz des „alteri stipulari nemo potest"[8] eine befriedigende Regelung erzielen[9].

In den andersartigen Rechts- und Wirtschaftsverhältnissen Deutschlands entwickelte sich jedoch ein Bedürfnis nach genereller Anerkennung eines Rechtsinstituts des Vertrages zugunsten Dritter. Die gemeinrechtliche Doktrin des 18. Jahrhunderts erkannte daher Verträge, in denen die eine Vertragspartei der anderen versprach, eine Leistung an einen Dritten zu bewirken, grundsätzlich als gültig an[10]. Sie bezeichnete derartige Verträge als „pacta in favorem tertii", unterschied allerdings terminologisch noch nicht zwischen echten und unechten Verträgen zugunsten eines Dritten. Nach der damals wohl herrschenden Auffassung[11] erlangte der Dritte dann ein eigenes

---

[2] „Per liberam personam nihil nobis acquiri potest"; vgl. C. 24.21.1.

[3] Vgl. z. B. D. 41.1.53; D. 44.7.11; D. 50.17.73.4.

[4] Vgl. U. *Müller*, Entwicklung S. 14 mit weiteren Nachweisen.

[5] D. 45.1.38.17.

[6] Vgl. z. B. die Nachweise bei *Wesenberg*, Verträge zugunsten Dritter S. 23 ff.; *Gareis*, Verträge zu Gunsten Dritter S. 52 ff.

[7] U. *Müller*, Entwicklung S. 16 ff.

[8] *Wesenberg*, Verträge zugunsten Dritter S. 23 ff.; U. *Müller*, Entwicklung S. 26.

[9] U. *Müller*, Entwicklung S. 27 f.

[10] Zum folgenden vgl. insbesondere die gute Darstellung bei U. *Müller*, Entwicklung S. 144 ff.

[11] Siehe die zahlreichen Nachweise bei *Glück*, Pandecten IV § 343.

Recht, die Leistung zu fordern, wenn er dem zu seinen Gunsten geschlossenen Vertrag „beigetreten" war, d. h. wenn er das ihn begünstigende Leistungsversprechen, das die eine Vertragspartei der anderen abgegeben hatte, angenommen hatte. Diese Lehre war entstanden unter dem Einfluß der partikularen Gewohnheitsrechte und des Naturrechts, das erstmals eine strenge Unterscheidung zwischen Stellvertretung und Vertrag zugunsten Dritter durchgeführt und den Grundsatz des römischen Rechts „alteri stipulari nemo potest" für beide Rechtsinstitute aufgehoben hatte. Die Lehre des Naturrechts wurde vom Usus modernus pandectarum übernommen und in den Gerichtsentscheidungen angewandt, wozu auch beigetragen haben dürfte, daß dessen Autoren mit ihrem ausgeprägten Sinn für die Bedürfnisse des Rechtslebens wohl schon selbst zu der Erkenntnis gekommen waren, das römischrechtliche Verbot der Drittstipulation entspreche nicht mehr den Erfordernissen der Zeit[12]. Gegen Ende des 18. Jahrhunderts wurde diese Lehre die herrschende. Sie ging in den Codex Maximilianeus bavaricus civilis[13] und in das ALR[14] ein. *Glück*[15] hielt mit der herrschenden Meinung den alten Grundsatz des „alteri stipulari nemo potest" für nicht mehr anwendbar und faßte die allgemeine Ansicht unter Bezugnahme auf Autoren des Usus modernus pandectarum folgendermaßen zusammen:[16]

> „Es wird daher heutiges Tages weder eine förmliche Cession, noch das Rechtsmittel der sogenannten nützlichen Klagen erfordert, um dem Dritten, zu dessen Besten ein Vertrag geschlossen worden, daraus ein Recht zu verschaffen; sondern es genügt, wenn er nur die zu seinem Besten geschlossene Zusage acceptirt hat, ehe die eigentlichen Paciscenten, welches ihnen ohne Zweifel freisteht, davon zurückgetreten sind, ohne darauf zu sehen, ob selbst derjenige, dem für einen Dritten etwas versprochen worden, irgend ein anderes Interesse dabey habe, als das gemeine Interesse der Freundschaft und Menschenliebe."

Entgegen dem römischen Recht waren daher vor Gründung der historischen Rechtsschule Verträge zugunsten Dritter zulässig und wirksam. Der Dritte konnte die ihm zugedachte Leistung dann an sich selbst fordern und auf sie klagen, wenn er dem zu seinen Gunsten geschlossenen Vertrag beigetreten war, solange das Deckungsverhältnis noch bestand[17].

---

[12] U. *Müller*, Entwicklung S. 144.

[13] Cod. Max. bav. civ. Theil 4 cap. I § 13. Über die bayerische Praxis siehe *Gareis*, Verträge zu Gunsten Dritter S. 153 ff.

[14] ALR I 5 §§ 74, 75, 76. Über die Praxis des OT *Berlin* siehe *Gareis*, Verträge zu Gunsten Dritter S. 170 ff.

[15] *Glück*, Pandecten IV S. 564 f.

[16] *Glück* a. a. O. S. 565 FN 88.

[17] Vgl. auch *Buchka*, Stellvertretung S. 158 ff. mit ausführlichen Nachweisen (FN 17 a. a. O.).

II. Die Lehre der historischen Rechtsschule

Die Hinwendung zu den Quellen des römischen Rechts durch die historische Rechtsschule rückte den alten Grundsatz „alteri stipulari nemo potest" wieder in den Vordergrund. Demgemäß wurden die Lehren des Naturrechts und des Usus modernus pandectarum über die Zulässigkeit von Verträgen zugunsten Dritter wenigstens von den Romanisten der historischen Rechtsschule grundsätzlich in Frage gestellt.

Savigny[18] hielt Verträge zugunsten Dritter den Quellen des römischen Rechts gemäß generell für unzulässig und unwirksam. Die im Corpus iuris zugelassenen Ausnahmen von diesem Grundsatz bestätigten nach seiner Meinung nur die Regel. Nach seiner Ansicht erforderten die Bedürfnisse des Rechtslebens nicht, daß Verträge zugunsten Dritter als selbständige Rechtsgebilde anerkannt würden. Seines Erachtens war diesen Bedürfnissen Genüge getan, wenn der Dritte einen zu seinen Gunsten geschlossenen Vertrag genehmigen konnte. Der unmittelbar Handelnde (Versprechensempfänger) sei darum als negotiorum gestor des Dritten anzusehen und erhalte durch die Genehmigung die Stellung eines Stellvertreters des Dritten[19]. *Savigny* war sich bewußt, daß nicht alle Fälle des Vertrages zugunsten Dritter mit dieser Konstruktion zufriedenstellend gelöst werden konnten. Er meinte aber, diesen verbleibenden Fällen komme praktisch keine große Bedeutung zu[20].

Savigny wollte also durch eine großzügige Anwendung des Instituts der heute sog. Vertretung ohne Vertretungsmacht eine Lösung erreichen, die ein eigenes Institut des Vertrages zugunsten Dritter überflüssig machte[21].

Ähnlich Savigny hielt auch *Puchta*[22], gestützt auf die Quellen des römischen Rechts, Verträge zugunsten Dritter für grundsätzlich nicht zulässig. Diesselbe Auffassung vertraten *Vangerow*[23] und *Arndts*[24]. Unter den Romanisten der historischen Rechtsschule wurden daher Verträge zugunsten Dritter entgegen der Lehre des Naturrechts und des Usus modernus pandectarum prinzipiell als nicht gültig angesehen.

Von den Germanisten der historischen Rechtsschule hat, soweit ersichtlich, nur *Beseler*[25] die Lehre von den Verträgen zugunsten Dritter darge-

---

[18] *Savigny*, Obligationenrecht II S. 75, 83 ff.

[19] *Savigny*, Obligationenrecht II S. 82.

[20] *Savigny*, a. a. O.

[21] *Wesenberg*, Verträge zugunsten Dritter S. 125 f. — Über die unrichtige Einschätzung der Interessenlage durch Savigny vgl. *Gmür*, Savigny S. 41 FN 128 a. E.

[22] *Puchta*, Pandecten § 256.

[23] *Vangerow*, Pandecten III S. 308.

[24] *Arndts*, Pandecten § 233.

[25] *Beseler*, Erbverträge II, 1 S. 74 ff.

stellt. In Übereinstimmung mit der communis opinio des 17. und 18. Jahrhunderts hielt er diese Verträge für gültig und wirksam; allerdings erwarb auch nach ihm der Dritte aus dem zu seinen Gunsten geschlossenen Vertrage erst dann ein Klagerecht, wenn er dem Vertrag beigetreten war[26].

Nicht ganz klar erscheint die Auffassung *Eichhorns*. Er behauptete lediglich, ohne nähere Begründung, daß „auch das deutsche Recht keineswegs Verträge zugunsten eines Dritten als gültig anerkennt."[27] Es scheint also, daß Eichhorn der Meinung der Romanisten der historischen Rechtsschule zuneigte, nach welcher Verträge zugunsten Dritter grundsätzlich nicht als zulässig angesehen wurden.

Das Ergebnis dieses kurzen historischen Abrisses ist typisch für die Behandlung des gemeinen Rechts durch die Romanisten der historischen Rechtsschule: Unbekümmert um die Fortentwicklung des rezipierten römischen Rechts durch Naturrecht und Usus modernus pandectarum schoben sie deren Lehren beiseite und lehrten das römische Recht der Quellen. Man wird aber wenigstens *Savigny* zubilligen müssen, daß er durch seine Konstruktion versuchte, den Bedürfnissen des Rechtslebens Rechnung zu tragen.

III. Die Auffassung der Gerichtspraxis

Die gemeinrechtliche Rechtsprechung der ersten Hälfte des 19. Jahrhunderts bietet hinsichtlich der prinzipiellen Gültigkeit von Verträgen zugunten Dritter ein etwas unübersichtliches und verwirrendes Bild. Das beruht vor allem darauf, daß sie die einzelnen Rechtsinstitute, an denen in irgendeiner Weise ein Dritter beteiligt ist — z. B. echte und unechte Stellvertretung, Auftrag (Mandat), Geschäftsführung ohne Auftrag, Abtretung, Schuldübernahme, Vermächtnis — nicht klar voneinander trennt[28] und daher vielerlei Institute, die heute jeweils nach ihren besonderen Vorschriften beurteilt werden, unter dem Begriff des Vertrages zugunsten Dritter zusammenfaßt. Für die hier zu untersuchende Frage, ob die Praxis dem von den Romanisten gelehrten römischen Recht gefolgt ist oder nicht, ist diese Vermengung ohne Bedeutung, sondern kommt es nur darauf an, ob nach der Praxis Verträge zugunsten Dritter grundsätzlich zulässig waren oder nicht[29]. Wegen jener Vermengung aber hatte die Praxis ziemlich oft über die Wirksamkeit derartiger Verträge zu entscheiden. Die hier mitzuteilenden Urteile (ca. 50) lassen die Auffassung der Praxis klar erkennen.

---

[26] *Beseler* a. a. O. S. 76.

[27] *Eichhorn,* Einleitung S. 840.

[28] Vgl. z. B. die bei *Strippelmann* V S. 1 ff. mitgeteilten Fälle und Entscheidungen.

[29] Für die Frage, welche Institute als Verträge zugunsten Dritter angesehen wurden, siehe die oben S. 103 FN 1 angeführten dogmengeschichtlichen Werke.

Nur wenige Gerichte beurteilen Verträge zugunsten Dritter ausschließlich nach den Vorschriften des Corpus iuris und halten demgemäß diese Verträge nur in den dort angeführten Fällen für zulässig. Zu diesen Gerichten gehören die Oberappellationsgerichte Kiel[30], Lübeck[31], Celle[32], Wiesbaden[33], Jena[34] und Wolfenbüttel[35]. Und nur drei von ihnen, nämlich die Oberappellationsgerichte Kiel, Lübeck und Wiesbaden halten an ihrer Praxis fest. Dagegen schließen sich die OAG Celle[36], Jena[37] und Wolfenbüttel[38] der weitaus überwiegenden Ansicht an, daß Verträge zugunsten Dritter wirksam sind. Diese Auffassung wird in ständiger Rechtsprechung von den Oberappellationsgerichten Cassel[39], Darmstadt[40] und Dresden[41], dem königlich sächsischen Spruchkollegium Leipzig[42] und den Spruchkollegien der Juristischen Fakultäten Rostock[43] und Würzburg[44] vertreten.

Die Frage, auf welche Weise der Dritte dem zu seinen Gunsten geschlossenen Vertrag beitreten müsse, um einen verfolgbaren Anspruch zu erwerben,

---

[30] OAG *Kiel* 1842, *Seuff.* IX Nr. 18.

[31] OAG *Lübeck* 1825, *Seuff.* VII Nr. 68.

[32] OAG *Celle* 1852, *Seuff.* V Nr. 299.

[33] OAG *Wiesbaden* 1839, *Seuff.* XXI Nr. 37 I (S. 63 f.); 1864, *Seuff.* XXI Nr. 37 II (S. 65 f.).

[34] OAG *Jena* 1840, *Busch,* AcP XLIII (1860) Beilage S. 111 (Nr. XXV); 1845, *Seuff.* VII Nr. 22 = *Busch* a. a. O. S. 109 (Nr. XXIII).

[35] OAG *Wolfenbüttel* 1832, *Matth.* I, 2 S. 404 mit der bemerkenswerten Begründung, die aus dem Naturrecht überkommene Meinung sei nicht richtig; 1843, *Matth.* I, 2 S. 400.

[36] OAG *Celle* 1859, *Seuff.* XVIII Nr. 128.

[37] OAG *Jena* o. D., *Seuff.* II Nr. 213; 1847, *Seuff.* XVII Nr. 130.

[38] OAG *Wolfenbüttel* 1835, *Matth.* I, 2 S. 399 (Präjudiz Nr. 2); 1838, *Matth.* I, 2 S. 403 (Präjudiz Nr. 11); 1849, *Seuff.* XI Nr. 133 (S. 199); 1850, *Seuff.* XI Nr. 133; 1857, *Seuff.* XII Nr. 284 FN 1; 1858, *Seuff.* XII Nr. 142; 1859, *Seuff.* XIV Nr. 131 (S. 210 und 213); 1860, *Seuff.* XVI Nr. 182.

[39] OAG *Cassel* 1825, *Busch,* AcP XLIII (1860) Beilage S. 70 (Nr. I); 1828, *Busch* a. a. O. S. 75 (Nr. III); 1835, *Seuff.* III Nr. 31; 1836, *Busch* a. a. O. S. 89 (Nr. XII); 1836, *Busch* a. a. O. S. 85 (Nr. XI); außerdem *Strippelmann* V S. 1—48 mit guter Übersicht über die Rechtsprechung des OAG Cassel.

[40] OAG *Darmstadt* o. D., *Seuff.* VIII Nr. 29 = *Busch,* AcP XLIII (1860) Beilage S. 126 (Nr. XXXVII); 1845, *Seuff.* VII Nr. 64 = *Busch* a. a. O. S. 127 (Nr. XXXVIII); 1852, 1854, 1855, *Seuff.* X Nr. 152 = *Busch* a. a. O. S. 127 (Nr. XXXIX).

[41] OAG *Dresden* 1840, *Busch,* AcP XLIII (1860) Beilage S. 99/100; 1847, *Seuff.* III Nr. 152 = *Busch* a. a. O. S. 102 ff.; 1850, *Busch* a. a. O. S. 105; 1852, *Seuff.* VI Nr. 21 = *Busch* a. a. O. S. 108 (Nr. XXI); 1859, *Seuff.* III Nr. 74 = *Busch* a. a. O. S. 109; o. D., *Matth.* I, 2 S. 399 (Präjudiz Nr. 1 unter III); 1862, *Seuff.* XVI Nr. 38 = Annalen V S. 376.

[42] Spruchkollegium *Leipzig* o. D., ZfRpfluVerw. NF IX (1851) S. 260/261.

[43] Jur. Fak. *Rostock* 1840, *Seuff.* XIX Nr. 33 mit Bezug auf eine Entscheidung aus dem Jahre 1830.

wird von den Gerichten sehr großzügig beantwortet. Das OAG Cassel stellt überhaupt keine Anforderungen, sondern gewährt dem Dritten immer eine Klage[45], während andere Gerichte den Beitritt in der Erhebung der Klage sahen[46].

Soweit die Gerichte in ihren Urteilen überhaupt Literatur anführen und sich nicht bloß auf ihre ständige Praxis berufen, wird auf Autoren des Usus modernus pandectarum[47] oder auf *Beseler*[48] Bezug genommen. Eine Auseinandersetzung mit der Lehre *Savignys* erfolgt nirgends. Ebensowenig werden andere romanistische Autoren der historischen Rechtsschule angeführt. Die Praxis verhält sich hier genau wie die historische Rechtsschule: Keine der beiden Seiten nimmt Kenntnis vom Standpunkt der anderen.

In der Rechtsprechung wird also die Zulässigkeit der Verträge zugunsten Dritter überwiegend anerkannt. Auf Grund der vorliegenden Entscheidungen erscheint es allerdings nicht zulässig zu erklären, es habe insofern ein allgemeines deutsches Gewohnheitsrecht bestanden[49]. Aber im großen und ganzen sind in der ersten Hälfte des 19. Jahrhunderts die Verträge zugunsten Dritter entgegen der Lehre der historischen Rechtsschule anerkannt geblieben.

Maßgebend für den Standpunkt der Praxis war insbesondere das Aufkommen der Lebensversicherungsverträge zugunsten eines Dritten. Wirtschaftliche und soziale Gründe erforderten die unbedingte Anerkennung dieser Vertragsart. Mit dem von der historischen Rechtsschule angebotenen Surrogat (Versprechensempfänger als vollmachtloser Vertreter des Begünstigten) ließ sich keine dogmatisch befriedigende Lösung erzielen. Denn es hätte eines übermäßig strapazierten Konstruktionsvermögens bedurft, überzeugend darzulegen, daß der Versprechensempfänger die Versicherungsprämien im Namen, aber ohne Vollmacht des Begünstigten bezahlt, ohne daß dieser

---

[44] Jur. Fak. *Würzburg* 1845, *Busch* AcP XLIII (1860) Beilage S. 112 f. — Zweifelnd: OT *Stuttgart* 1841, *Seuff.* XV Nr. 214; 1854, *Seuff.* VII Nr. 273 = *Busch* a. a. O. S. 122 (Nr. XXXIII).

[45] Vgl. *Strippelmann* V S. 1 ff.

[46] OAG *Dresden* 1847, *Seuff.* III Nr. 312; OAG *Wolfenbüttel* 1849, *Seuff.* XI Nr. 133 (S. 199); 1857, *Seuff.* XII Nr. 284 FN 1; auch OAG *München* 1864, *Seuff.* XXI Nr. 41.

[47] Vgl. z. B. OAG *Darmstadt* 1852 und 1854, *Seuff.* X Nr. 152; OAG *Dresden* 1852, *Seuff.* VI Nr. 21.

[48] *Beseler*, Erbverträge II, 1 S. 71 ff.: z. B. Jur. Fak. *Rostock* 1840, *Seuff.* XIX Nr. 33 (*Beseler* gehörte von 1837 bis 1842 der Fakultät Rostock an; vgl. *Stintzing-Landsberg* III, 2 S. 508); OAG *Wolfenbüttel* 1860, *Seuff.* XVI Nr. 182; 1859, *Seuff.* XIV Nr. 131 (S. 215).

[49] So auch *Windscheid*, Pandekten II S. 319; a. A. *Busch*, AcP XLIII (1860) Beilage S. 4, 6.

sich durch Genehmigung des Versicherungsvertrages seinerseits verpflichtet, die Prämien selbst zu entrichten oder gar die bereits aufgewendeten dem Versprechensempfänger zu erstatten. Daß eine solche Konstruktion, sofern sie überhaupt gelingen konnte, lebensfremd war, liegt auf der Hand. Die Praxis hat daher gar nicht versucht, die Lebensversicherungsverträge als durch einen vollmachtlosen Vertreter geschlossenen Vertrag zu konstruieren, sondern hat sie als echte Verträge zugunsten Dritter anerkannt.

Von der Basis der Rechtsprechung ausgehend, konnte die Doktrin die durch das Naturrecht und den Usus modernus pandectarum aufgekommene Lehre fortentwickeln[50], bis schließlich das BGB den Vertrag zugunsten Dritter gesetzlich geregelt und zu endgültiger Anerkennung geführt hat.

---

[50] Vgl. besonders *Bähr,* JhDogmJhb. VI (1862) S. 131 ff.; *Unger,* JhDogmJhb. X (1871) S. 1 ff.; *Gareis,* Verträge zu Gunsten Dritter; *Regelsberger,* AcP LXVII (1884) S. 1 ff.; *Windscheid,* Pandekten II § 316; außerdem auch *Wesenberg,* Verträge zugunsten Dritter S. 123 ff. Über die Bestrebungen in der Gesetzgebung bis zum Inkrafttreten des BGB vgl. besonders *Unger* a. a. O. S. 100 ff.; über die Rechtsprechung des Reichsgerichts vgl. *Bähr,* Urteile des Reichsgerichts S. 70—106.

Schlußbetrachtung

Wenn man die vorstehenden Untersuchungen in ihrer Gesamtheit betrachtet, so wird man, bei aller angebrachten Zurückhaltung vor einer abschließenden Stellungnahme, doch einen nicht unbedeutenden Einfluß *Savignys* und der von ihm gegründeten historischen Rechtsschule auf die Praxis als erwiesen ansehen dürfen. Doch hat sich in manchen Teilgebieten auch gezeigt, daß jener Einfluß nicht durchweg so stark war wie bisher angenommen wurde.

Ein Einfluß zeigt sich zunächst darin, daß die Praxis die von *Savigny* geforderte historische Betrachtung des Rechts als richtig anerkannt und, soweit überhaupt möglich, für die praktische Rechtsfindung nutzbar zu machen versucht hat. Historisches Denken und Anerkennung des Entwicklungsgedankens im Recht treten in den Urteilen deutlich zu Tage. Die Praxis wurde sich bewußt, daß dem Recht kein statischer Charakter eigen ist. Wie in der Doktrin machen sich allerdings auch in manchen Entscheidungen rein „antiquarische“ Bestrebungen bemerkbar. Das zeigen diejenigen Urteile, die auf älteres römisches und altgermanisches Recht um seiner selbst willen Bezug nehmen.

Ein Einfluß zeigt sich ferner in dem gewandelten Verhältnis der Praxis zu den Quellen des Rechts. In den Urteilen wird erfolgreich Quellenkritik geübt. Kritische Betrachtungen der Quellen und gelehrte textkritische Darlegungen nehmen in manchen Entscheidungen breiten Raum ein. Die Richter versuchen, auf diesem Forschungsgebiet mit der Doktrin Schritt zu halten und ihre auf den Universitäten gewonnene wissenschaftliche Bildung in den Dienst der praktischen Rechtsanwendung zu stellen.

Die allgemeine Anerkennung der historischen Forschungsmethode durch die Praxis hat diese jedoch nicht dazu geführt, der Doktrin nacheifernd ganze Epochen der deutschen Rechtsgeschichte mit Nichtachtung zu strafen. Das insofern wenig vorbildliche Verhalten der Doktrin ist von den Gerichten nicht nachgeahmt worden. Die allermeisten Lehren des Usus modernus pandectarum sind, wenigstens zu *Savignys* Lebzeiten, voll anerkannt geblieben. Die Praxis schiebt diese Lehren nicht als auf mangelnder Wissenschaft beruhend beiseite. Bis weit in das Jahrhundert hinein beachtet sie die alten Autoren und deren Ansichten. Die Gerichte machen nicht wie die Doktrin mit den Lehren des Usus modernus pandectarum tabula rasa und übernehmen nicht unbesehen das „reine“ römische Recht. Vielmehr prüfen sie genau, ob das rezipierte römische Recht als unverändertes („reines“) oder als modifiziertes römisches Recht angewendet werden muß. Zahlreiche Urteile weisen die Auffassung der historischen Rechtsschule, das „reine“ römische Recht sei grundsätzlich als geltendes Recht zu betrachten und anzuwenden, ausdrücklich zurück.

Diese Entscheidungen lassen deutlich erkennen, daß zu Lebzeiten *Savignys* der romanistische Purismus der historischen Rechtsschule die Praxis jedenfalls nicht in einem Maße beeinflußt hat, welcher es rechtfertigen würde, wie bisher unbesehen von einer „Romanisierung“ der Praxis zu sprechen. Freilich muß man sich gerade bezüglich dieser Frage davor hüten, ein endgültiges Urteil abgeben zu wollen; denn der Einfluß der historischen Rechtsschule ist insoweit noch keineswegs hinlänglich erforscht. Weitere Einzeluntersuchungen, vor allem auch für die Zeit nach 1861, wären für eine abschließende Beantwortung der Frage nach der „neuen Verrömerung“ erforderlich. Immerhin sind die Ergebnisse der vorliegenden Untersuchung, soweit sie die Einstellung der Praxis zum römischen Recht im allgemeinen und deren Stellungnahme zu Einzellehren der historischen Rechtsschule im besonderen aufgezeigt hat, geeignet, einen geringeren Einfluß in dieser Hinsicht annehmen zu lassen, als es wegen der in der Doktrin vorherrschenden Auffassung vermutet werden könnte. Insbesondere erscheint es verfehlt, ohne weiteres anzunehmen, der sog. romanistische Purismus der historischen Rechtsschule habe automatisch einen derartigen Purismus in der Praxis zur Folge gehabt.

Auch die Verdammung des Naturrechts und seiner Lehren durch *Savigny* und seine Schüler übte nicht soviel Einfluß auf die Praxis aus, wie man erwarten durfte. Die aus dem Naturrecht überkommene Argumentation, allgemein einsichtige Wahrheiten und zweckentsprechende Lösungen mit Hilfe der „Natur der Sache“ zu begründen, wurde zur Zeit der historischen Rechtsschule noch sehr oft gebraucht. Auch wurden einzelne positive Rechtsvorschriften mit ihrer Hilfe als sinnvoll und zweckentsprechend gerechtfertigt. Solche Argumentationen sind weitaus häufiger anzutreffen als Folgerungen aus „Begriff“ und „Wesen“ der Rechtsinstitute. Der Einfluß der historischen Rechtsschule reichte nicht so weit, daß man feststellen müßte, die Praxis sei ganz wie die Pandektistik in begriffsjuristischem Denken befangen gewesen. Die verschiedentlich vorhandenen begriffsjuristischen Urteile zeigen zudem, daß die Praxis dem grundlegenden Fehler dieser Methode, nämlich den Zweck der Rechtssätze ganz außer acht zu lassen, nicht verfallen ist.

Was den Einfluß der historischen Rechtsschule auf die Einzellehren angeht, so konnte in der vorliegenden Abhandlung der Nachweis geführt werden, daß die Praxis der Gewohnheitsrechtslehre *Puchtas* und *Savignys* ganz folgte, während die Lehre von der abstrakten dinglichen Übereignung kaum nennenswert und die Lehre von den Verträgen zugunsten Dritter nur ganz geringfügig auf die Praxis einwirkte. Weitere Einzeluntersuchungen müssen zeigen, wie sich die Praxis zu anderen Lehren der historischen Rechtsschule verhalten hat.

Indes wirft die unterschiedliche Aufnahme der in dieser Abhandlung untersuchten Einzellehren in der Praxis Schlaglichter auf das Verhältnis der Praxis zur historischen Rechtsschule überhaupt. Die Gewohnheitsrechtslehre wurde nicht zuletzt deswegen befolgt, weil sie im Gegensatz zur Theorie des Usus modernus pandectarum den Bedürfnisssen des Rechtslebens entsprach. Demgegenüber fand die Lehre der historischen Rechtsschule über die Wirksamkeit der Verträge zugunsten Dritter deshalb fast keine Beachtung, weil mit dieser Lehre weder dogmatisch noch praktisch befriedigende Ergebnisse zu erzielen waren. Daraus wird eine Tendenz offenbar: Die Rechtsprechung scheint die Lehre der historischen Rechtsschule vor allem an den praktischen Auswirkungen gemessen zu haben. Man wird daher die These wagen können, daß überall da ein Einfluß der historischen Rechtsschule auf die Paxis vorhanden sein dürfte, wo deren Lehren den Bedürfnissen der Zeit gerecht wurden oder diesen jedenfalls besser entsprachen als die Lehren des Usus modernus pandectarum und des Naturrechts[1].

Mit dieser These läßt sich die zur Zeit der historischen Rechtsschule bestehende Kluft zwischen Theorie und Praxis wenigstens teilweise erklären: Die Gerichte konnten ohne Rücksicht auf Bedürfnisse der Praxis angestellte Forschungen und vorgetragene Lehren der historischen Rechtsschule nicht beachten, so daß sich jene Kluft während der ersten Jahrzehnte des 19. Jahrhunderts, als sich die Doktrin in antiquarischen Forschungen verlor, vergrößerte. Dagegen begann sich die Trennung zwischen Theorie und Praxis mit dem Erscheinen der großen dogmatischen Werke *Savignys* und seiner Schüler langsam zu verringern. Insbesondere ist es die Praxis, die ihren Teil zu einer Annäherung von Rechtslehre und Rechtsanwendung beigetragen hat. Denn sie nahm Bezug auf die dogmatischen Lehren der Doktrin und folgte ihnen, sofern sie einer kritischen Nachprüfung standhielten. Die Doktrin selbst ist diesem Vorbild erst nach Savignys Tod gefolgt, indem sie nach dem Beispiel von *Windscheids* „Pandekten" die Rechtsprechung zunehmend berücksichtigt hat.

Will man versuchen, die in der vorliegenden Abhandlung festgestellten praktischen Auswirkungen der Lehren *Savignys* und seiner Schule zu bewerten, so wird man sie insgesamt als positiv, jedenfalls aber nicht als negativ

---

[1] Vgl. auch *Wesenberg*, SavZRA 67 (1950) S. 472.

bezeichnen dürfen. Denn die Praxis war bemüht, die doktrinären Einseitigkeiten jener Lehren zu vermeiden. Zwar waren diese Bemühungen nicht immer erfolgreich. Insbesondere solche Urteile, die entwicklungsgeschichtliche und antiquarische Ausführungen enthalten, ohne daß diese im Einzelfall entscheidungserheblich waren, muten uns heute methodisch verfehlt an. Das darf aber nicht dazu verleiten, den Praktikern insofern „Methodenverirrung" vorzuwerfen. Denn die Dogmengeschichte kann für die Rechtsfindung bedeutsam sein. Diese Erkenntnis, die Mißgriffe und Dogmengeschichte ohne praktischen Bezug, lediglich um ihrer selbst willen, nicht ausschließt, ist bis heute auch in der Rechtsprechung allgemein anerkannt geblieben.

Ein Großteil der in der vorliegenden Untersuchung behandelten Lehren *Savignys* und seiner Schule sind also nicht nur Theorie geblieben, sondern haben das praktische Rechtsleben beeinflußt. Der Maßstab, an dem diese Lehren von den Gerichten gemessen wurden, war insgesamt gut geeignet, das für die Praxis Unbrauchbare wirksam von seiner Verwirklichung fernzuhalten. Das Verfahren der Gerichte, unpraktikable und abgestorbene, nur noch geschichtlich bedeutsame Rechtssätze zwar zur Kenntnis zu nehmen, sie aber nicht anzuwenden, trug wesentlich dazu bei, daß sich allmählich auch die Rechtslehre wieder als Teil einer praktischen Wissenschaft der Jurisprudenz begriff und ihre Ergebnisse an deren praktischen Auswirkungen überprüfte (*Windscheid, Jhering* in seiner Spätzeit). So dürfte es hauptsächlich der Praxis zu verdanken sein, wenn die Entwicklung des Rechtslebens in Deutschland während des 19. Jahrhunderts im ganzen kontinuierlicher verlief, als man es wegen des zum Teil programmwidrigen Verhaltens vieler Anhänger der historischen Rechtsschule erwarten durfte. Jedenfalls scheint der Einfluß dieser Rechtsschule auf die Gerichtspraxis keinen so tiefen Einschnitt in der geschichtlichen Entwicklung des wirklichen Rechtslebens bewirkt zu haben, wie er in der Doktrin so deutlich zu Tage tritt.

Savignys Bild als das eines Großen der deutschen Rechtswissenschaft wird durch die praktischen Auswirkungen der Lehren seiner Schule keinesfalls getrübt. Die Praxis selbst hat ihn als den großen, „allverehrten"[2] Rechtslehrer der Epoche anerkannt.

---

[2] OAG *Dresden,* Annalen II S. 480 anläßlich des 60jährigen Doktorjubiläums *Savignys* am 31. Oktober 1860.

QUELLEN UND SCHRIFTTUM

A. Entscheidungssammlungen

Ackermann, Gustav Adolph — Rechtssätze aus Erkenntnissen des Königl. Oberappellationsgerichts zu Dresden, Dresden und Leipzig 1849.

ders. — Rechtssätze aus Erkenntnissen des Königl. Oberappellationsgerichts zu Dresden. Neue Folge Bde. I—XV, Grimma und Leipzig 1852—1865. (Der Titel lautet ab Bd. VI: Rechtssätze aus Erkenntnissen und Verordnungen der obersten Justiz- und Spruchbehörden des Königreichs Sachsen; ab Bd. XII: Rechtssätze aus Erkenntnissen und Verordnungen der obersten Justiz-, Spruch- und Verwaltungsbehörden des Königreichs Sachsen.)

Arends, E. — Sammlung interessanter Erkenntnisse aus dem gemeinen und bayer'schen Civil-Rechte und Processe, Bde. I—V, Nördlingen 1845—1857.

Buchka, Hermann
Budde, Johann Friedrich — Entscheidungen des Großherzoglich Mecklenburgischen Oberappellationsgerichts zu Rostock, Bde. I—IX, Wismar und Ludwigslust 1855—1865.

Busch, F. B. — Die Stimme der Praxis bei den höchsten deutschen Landestribunalen und anderen Spruchkollegien über verschiedene Streitfragen auf dem Gebiete des bürgerlichen Rechts und Processes, Erlangen 1862.

ders. — Doktrin und Praxis über die Gültigkeit von Verträgen zu Gunsten Dritter nebst Belegen aus der Praxis der höchsten Gerichtshöfe der einzelnen Staaten Deutschlands, in: AcP XLIII (1860), Beilage, Heidelberg 1860.

Du Prel — Sammlung auserlesener bayer'scher Rechtsfälle, Präjudizien und anderer interessanter Erkenntnisse, Bde. I—VIII, Landshut 1836—1840.

Fenner, G.
Mecke, H. — Civilrechtliche Entscheidungen der obersten Gerichtshöfe Preußens für die gemeinrechtlichen Bezirke des Preußischen Staates, Bde. I—X, Berlin 1870—1879.

Flach, Christoph — Entscheidungen des Herzogl. Nassauischen Oberappellationsgerichts zu Wiesbaden über wichtigere Streitfragen des Civilrechts, Bde. I—III, Gießen 1842—1853.

Glück, Christian Carl — Sammlung ehegerichtlicher Entscheidungen, München 1864.

Götz, Martin Wilhelm — Rechtliche Entscheidungen der iuridischen Fakultät zu Altdorf, Nürnberg 1808.

Hellfeld, Gustav	Interessante Civilrechtliche Entscheidungen der höchsten deutschen und andern Spruchbehörden, Weimar 1843.
Henkel	Bemerkenswerthe Rechtsfälle, Entscheidungen und andere Mittheilungen aus der kurhessischen Rechtspflege, Cassel 1838.
v. Holmhorst	Jahrbücher des Großherzoglich Badischen Ober-Hofgerichts zu Mannheim, Bde. I—X, Mannheim 1824—1833.
ders.	Jahrbücher des Großherzoglich Badischen Ober-Hofgerichts zu Mannheim. Neue Folge Bde. I—XIII, Mannheim 1834—1854.
Kind, Emil	Sammlung auserlesener Rechtsfälle und Rechtsgutachten für Richter, Advocaten, Accessisten und angehende Rechtspractiker, Leipzig 1836.
Matthiae, C.	Controversenlexikon des römischen Civilrechts, Bd. I, Teil 1 (A—K), Teil 2 (L—Z), Leipzig 1856.
Nahmer, Wilhelm von der	Sammlung der merkwürdigeren Entscheidungen des H. Nassauischen Oberappellationsgerichts zu Wiesbaden, Bde. I und II, Frankfurt am Main 1824—1825.
Nettelbladt, Christian Carl Friedrich Wilhelm	Rechtssprüche des Oberappellationsgerichts zu Parchim, Bde. I—VI, Berlin 1821—1837, Parchim und Ludwigslust 1839.
v. Langenn, Friedrich Albert *Sickel*, Conrad *Pöschmann*, Karl Magnus	Annalen des Königl. Sächs. Oberappellationsgerichts zu Dresden, Bde. I—IV, Dresden 1860—1862.
Rehbein, H.	Die Entscheidungen des vormaligen Preußischen Ober-Tribunals auf dem Gebiete des Civilrechts, Bde. I—IV, Berlin 1884—1895.
—	Sammlung der oberstrichterlichen Plenar-Beschlüsse in bürgerlichen Rechtsstreitigkeiten und der Erkenntnisse über Competenz-Konflikte zwischen Gerichts- und Verwaltungsbehörden, München 1853.
Seligo, *Kuhlmeyer*, *Wilke*, I.	Die Präjudizien des Geheimen Obertribunals seit ihrer Einführung im Jahre 1832 bis zum Schlusse des Jahres 1848, Berlin 1849.
Seuffert, Johann Adam	Archiv für Entscheidungen der obersten Gerichte in den deutschen Staaten, Bde. I—XXX, München 1847—1875
Simon, August Heinrich *Strampf*, Heinrich Leopold	Entscheidungen des Königlichen Geheimen Ober-Tribunals, herausgegeben im amtlichen Auftrage, Bde. 1—44, Berlin 1837—1861.
dies.	Rechtssprüche der preußischen Gerichtshöfe, Bde. I—IV, Berlin 1828—1834.
Striethorst, Theodor	Archiv für Rechtsfälle aus der Praxis der Rechts-Anwälte des Königlichen Obertribunals, Bde. 1—40, Berlin 1851—1861.

Strippelmann, F. G. L. — Neue Sammlung bemerkenswerther Entscheidungen des Ober-Appellationsgerichts zu Cassel, Bde. I—VIII, Cassel 1842—1854.

Tafel, Ch. F. A. — Auserlesene Civil-Rechts-Sprüche der höheren Gerichtsstellen in Württemberg, Bde. I—VI, Heilbronn 1835—1866.

Thöl, Heinrich — Ausgewählte Entscheidungsgründe des Oberappellationsgerichts der vier freien Städte Deutschlands, Göttingen 1857.

Volkmar, L. — Die Jurisprudenz des rheinischen Cassationshofes zu Berlin, 1819—1846, Berlin 1848.

Wöltje, Woltje, Gerding, Reuter, Raven, Haarmann, Heimstedt, Naumann, Evers, Meyersberg, Biedenweg — Entscheidungen des Tribunals zu Celle, Bde. I—VII, Celle 1857—1866 (Bde. I—IV, 2. Aufl., in einem Band).

— Zeitschrift für Rechtspflege und Verwaltung, zunächst für das Königreich Sachsen, herausgegeben von einem voigtländischen jurist. Vereine, Bde. I und II, Leipzig 1838—1839, Neue Folge Bde. I—XX, herausgegeben von Tauchnitz und Richter, Leipzig 1841—1861.

B. Sonstige Quellen und Schrifttum

— Allgemeines bürgerliches Gesetzbuch für die gesammten Deutschen Erbländer der Oesterreichischen Monarchie, Wien 1811.

— Allgemeines buergerliches Gesetzbuch Josephs II (Josephinisches Gesetzbuch) vom 1. November 1786, erster Theil (abgedruckt in: Josephs des Zweyten Roemischen Kaisers Geseze und Verfassungen im Justizfache vom Jahre 1786, Wien und Prag o. J., S. 71—130).

— Allgemeines Landrecht fuer die Preußischen Staaten. Neue Ausgabe, Erster Theil, erster Band, Berlin 1806.

Arndts, Ludwig — Lehrbuch der Pandecten, München 1852.

ders. — Zum Andenken an Friedrich Carl von Savigny, in: Krit. Vierteljahresschr. IV (1862) S. 1—15.

Bähr, Otto — Ueber die s. g. Verträge zu Gunsten Dritter, in: JhDogmJhb. VI (1862) S. 131—186.

ders. — Urteile des Reichsgerichts mit Besprechungen, München und Leipzig 1883.

Balthasar, Johann — Selectarum Observationum Forensium Tomus I und II, 3. Aufl., Jena und Leipzig 1756, Tomus III, Jena und Leipzig 1749.

Bauer, Gottfried Heinrich — Die Churfürstlich Sächsischen Dezisiones vom Jahr 1746, Theil I, Leipzig 1794.

Bauer, Huberta — Die Entwicklung des Rechtsinstituts der freien gewillkürten Stellvertretung seit dem Abschluß der Rezeption in Deutschland bis zur Kodifikation des BGB, Diss. iur. Erlangen-Nürnberg 1963.

Baumgärtel, Gottfried — Die Gutachter- und Urteilstätigkeit der Erlanger Juristenfakultät in dem ersten Jahrhundert ihres Bestehens, Erlangen 1962.

Bekker, Ernst Immanuel — System des heutigen Pandektenrechts, Bd. I, Weimar 1886.

Bender, Peter — Die Rezeption des römischen Rechts im Urteil der deutschen Rechtswissenschaft, Diss. iur. Freiburg i. Br. 1955 (Maschinenschrift).

Beseler, Georg — Die Lehre von den Erbverträgen, 2. Theil, 1. Bd.: allgemeiner Theil; der Erbeinsetzungsvertrag, Göttingen 1837. 2. Theil, 2. Bd.: besondere Arten des Erbeinsetzungsvertrages; der Erbverzicht; Anhang, Göttingen 1840.

ders. — Gesetzgebungsfrage betreffend Gewohnheitsrecht, in: Verhandlungen des Fünften Deutschen Juristentages, Bd. 1, Gutachten S. 102—110, Berlin 1864.

ders. — System des gemeinen deutschen Privatrechts, 2. Aufl., Berlin 1866.

ders. — Volksrecht und Juristenrecht, Leipzig 1843.

Bethmann-Hollweg, Moritz August — Erinnerung an Friedrich Carl von Savigny als Rechtslehrer, Staatsmann und Christ, in: ZfRgeschichte VI (1867) S. 42—81.

ders. — Grundriß zu Vorlesungen über den gemeinen und preußischen Zivilprozeß, 3. Aufl., Bonn 1832.

Biermann, Johannes — Traditio ficta. Ein Beitrag zum heutigen Civilrecht, Stuttgart 1891.

Bluntschli, Johann Caspar — Der bayerische und der sächsische Entwurf eines bürgerlichen Gesetzbuches, in: Krit. Vierteljahresschr. III (1861) S. 421—446.

ders. — Deutsches Privatrecht, Bd. I, München 1853.

Böcking, Eduard — Pandecten. Grundriß eines Lehrbuchs des gemeinen auf das römische Recht gegründeten Civilrechts, Bonn 1861.

Boehmer, Gustav — Grundlagen der bürgerlichen Rechtsordnung, 2. Buch, 1. Abteilung: Dogmengeschichtliche Grundlagen des bürgerlichen Rechts, Tübingen 1951.

Brie, Siegfried — Die Lehre vom Gewohnheitsrecht, Erster Teil, Breslau 1899.

Buchardi — Rezension von: „Die Rechtsentwicklung in Deutschland und deren Zukunft mit besonderer Rücksicht auf Preußen." Von Dr. Wilhelm Bornemann, in: Krit. Zeitschr. IV (1857) S. 27—35.

Buchka, Hermann — Die Lehre von der Stellvertretung bei der Eingehung von Verträgen, Rostock und Schwerin 1852.

— Bürgerliches Gesetzbuch für das Königreich Sachsen, Dresden 1863.

Buß, Bernd — Die historische Rechtsschule und die Beseitigung des geteilten Eigentums in Deutschland. Ein Beitrag zum Verhältnis von Rechtswissenschaft und Rechtswirklichkeit im 19. Jahrhundert, Diss. iur. München 1966.

Caroni, Pio — Savigny und die Kodifikation. Versuch einer Neudeutung des „Berufes", in: SavZGA 86 (1969) S. 97—176.

— Codex Maximilianeus bavaricus civilis oder Chur-Bayrisches Landrecht, München 1756.

Conring, Hermann — De origine juris Germanici (1643), Editio 4, Helmst. 1695.

v. Cramer, Joh. Ulr. — Wetzlarische Nebenstunden, Theil 1—128, Ulm 1755—1773.

— Denkschrift zu dem Entwurfe eines Bürgerlichen Gesetzbuches nebst drei Anlagen, 2. Aufl., Berlin 1896.

Dernburg, Heinrich — Lehrbuch des preußischen Privatrechts, Bd. I, Halle 1875.

ders. — Pandekten, 1. Bd.: Allgemeiner Theil und dingliche Rechte, 2. Aufl., Berlin 1888.

ders. — Rezension von: „Ueber Savignys Lehre von der Stellvertretung (Oblig. Band 2 § 54—61)". Von E. Ruhstrat, in: Krit. Zeitschr. III (1855) S. 394—396.

Döhring, Erich — Geschichte der deutschen Rechtspflege seit 1500, Berlin 1953.

Dreier, Ralf — Zum Begriff der „Natur der Sache". Münsterische Beiträge zur Rechts- und Staatswissenschaft Heft 9, Berlin 1965.

Dulckeit-Schwarz — Römische Rechtsgeschichte, 4. Aufl., München und Berlin 1966.

Ebel, Wilhelm — Gustav Hugo, Professor in Göttingen. Festrede zur Feier seines 200. Geburtstages am 23. November 1964. Göttinger Universitätsreden Heft 45, Göttingen 1964.

Ebert, Kurt — Gesetzesauslegung und Rechtswissenschaft, in: SavZGA 85 (1968) S. 104—126.

Edelmann, Johann — Die Entwicklung der Interessenjurisprudenz. Eine historisch-kritische Studie über die deutsche Rechtsmethodologie vom 18. Jahrhundert bis zur Gegenwart, Bad Homburg v. d. H., Berlin, Zürich 1967.

Ehrlich, Eugen — Die juristische Logik, in: AcP 115 (1917) S. 125—439.

ders. — Grundlegung der Soziologie des Rechts. Unveränderter Neudruck (Manualdruck) der ersten Auflage 1913, München und Leipzig 1929.

ders. — Recht und Leben. Gesammelte Schriften zur Rechtstatsachenforschung und zur Freirechtslehre, ausgewählt und eingeleitet von Manfred Rehbinder. Schriftenreihe des Instituts für Rechtssoziologie und Rechtstatsachenforschung an der Freien Universität Berlin Band 7, Berlin 1967.

Eichhorn, Karl Friedrich — Einleitung in das deutsche Privatrecht mit Einschluß des Lehenrechts, 3. Ausgabe, Göttingen 1829.

ders. — Ueber das geschichtliche Studium des deutschen Rechts, in: ZfgRwiss. I (1815) S. 124—146.

Enneccerus, Ludwig — Friedrich Carl v. Savigny und die Entwicklung der neueren Rechtswissenschaft nebst einer Auswahl ungedruckter Briefe, Marburg 1879.

Felgentraeger, Wilhelm — Friedrich Carl v. Savignys Einfluß auf die Übereignungslehre, Lucka i. Th. 1927.

Fuchs, Ernst — Die Gemeinschädlichkeit der konstruktiven Jurisprudenz, Karlsruhe 1909.

Fuchs, Johannes Georg — Iusta causa traditionis in der Romanistischen Wissenschaft, Basel 1962.

Gans, Eduard — Das Erbrecht in weltgeschichtlicher Entwicklung, Bd. II: Römisches Erbrecht 2, Berlin 1825.

Gareis, Karl — Die Verträge zu Gunsten Dritter. Historisch und dogmatisch dargestellt, Würzburg 1873.

Gaupp, Ernst Theodor — Ueber die Zukunft des deutschen Rechts. Eine germanistische, mit besonderer Rücksicht auf die großen Gesetzbücher der neueren Zeit verfaßte Abhandlung, Berlin 1837.

Geib, Gustav — Die Reform des deutschen Rechtslebens, Leipzig 1848.

Gerber, C. F. — System des deutschen Privatrechts, 6. Aufl., Jena 1858.

Gierke, Otto — Deutsches Privatrecht, Bd. I, Leipzig 1895.

ders. — Die historische Rechtsschule und die Germanisten, Berlin 1903.

Girtanner, Wilhelm — Rechtsfälle zu Puchtas Pandekten, 4. Aufl., Jena 1869.

Glück, Christian Friedrich — Ausführliche Erläuterung der Pandecten nach Hellfeld, Theil I, 2. Aufl., Erlangen 1797; Theil IV, Erlangen 1796; Theil VIII, Erlangen 1807.

Gmür, Rudolf — Savigny und die Entwicklung der Rechtswissenschaft. Schriften der Gesellschaft zur Förderung der Westfälischen Wilhelms-Universität zu Münster Heft 49, Münster Westf. 1962.

Gönner, Nikolaus Thaddaeus — Ueber Gesetzgebung und Rechtswissenschaft in unserer Zeit, Erlangen 1815.

Göschen, Johann Friedrich Ludwig — Vorlesungen über das gemeine Civilrecht. Aus den hinterlassenen Papieren herausgegeben von Albrecht Erxleben, 1. Bd., 2. Aufl., Göttingen 1843.

Heck, Philipp — Begriffsbildung und Interessenjurisprudenz, Tübingen 1932.

ders. — Das abstrakte dingliche Rechtsgeschäft, Tübingen 1937.

ders. — Das Problem der Rechtsgewinnung, 2. Aufl., Tübingen 1932.

ders. — Was ist diejenige Begriffsjurisprudenz, die wir bekämpfen? in: DJZ 1909, 1456—1461.

Hegel, Georg W. Friedrich — Grundlinien der Philosophie des Rechts, Berlin 1821.

Hermann, Rudolf, u. a. — Das allgemeine bürgerliche Gesetzbuch in der Praxis der obersten Justizstelle bis 1820. Fünf Abhandlungen, in: Festschrift zur Jahrhundertfeier des Allgemeinen Bürgerlichen Gesetzbuches — 1. Juni 1911, I. Teil S. 579—684, Wien 1911.

Hofmann, Franz — Die Lehre vom titulus und modus acquirendi und von der iusta causa traditionis, Wien 1873.

Hornius, Caspar Heinrich — Consultationum, Responsorium ac Sententiarum Liber unus, Dresden und Leipzig 1726.

Hugo, Gustav — Civilistisches Magazin, Bd. I, 3., abgekürzte Ausgabe, Berlin 1810; Bd. IV, 3., abgekürzte Ausgabe, Berlin 1813.

Isay, Hermann — Rechtsnorm und Entscheidung, Berlin 1929.

Jhering, Rudolph — Der Kampf ums Recht, 14. Aufl., Wien 1900.

ders. — Geist des römischen Rechts auf den verschiedenen Stufen seiner Entwicklung, 1. Teil, 2. Teil, 2. Abteilung, Fotomechanischer Neudruck, Darmstadt 1955 und 1954.

ders. — Gesammelte Aufsätze aus den Jahrbüchern für die Dogmatik des heutigen römischen und deutschen Privatrechts, Bde. I und II, Jena 1881 und 1882.

ders. — Scherz und Ernst in der Jurisprudenz, 10. Aufl., Leipzig 1909.

Kaser, Max — Der römische Anteil am deutschen bürgerlichen Recht, in: JuS 1967, 337—344.

Kiefner, Hans — A. F. J. Thibaut, in: SavZRA 77 (1960) S. 304—344.

ders. — Der Einfluß Kants auf Theorie und Praxis des Zivilrechts im 19. Jahrhundert, in: Philosophie und Rechtswissenschaft. Zum Problem ihrer Beziehung im 19. Jahrhundert, herausgegeben von J. Blühdorn und J. Ritter, S. 3—25, Frankfurt am Main 1969.

Kierulff, J. F. — Theorie des gemeinen Civilrechts, Bd. I, Altona 1839.

Kirchmann, Julius — Die Wertlosigkeit der Jurisprudenz als Wissenschaft. Ein Vortrag gehalten in der Juristischen Gesellschaft zu Berlin 1848, Fotomechanischer Neudruck, Darmstadt 1966.

Klugkist, Engelbert — Die Göttinger Juristenfakultät als Spruchkollegium, Göttingen 1952.

Knickenberg, Horst — Die Soester Statuten von 1790 im Rahmen der Preußischen Provinzialgesetzgebung, Diss. iur. Münster 1967.

Koch, C. F. — Allgemeines Landrecht für die Preußischen Staaten, Bd. I, Berlin und Leipzig 1852.

Koch, Ulrich — Die Kritik preußischer Juristen an der historischen Rechtsschule, Diss. iur. Tübingen 1955 (Maschinenschrift).

Koschaker, Paul — Europa und das römische Recht, 2. Aufl., München und Berlin 1958.

Kuhlenbeck, L. — Die Rechtsprechung des Reichsgerichts in Beziehung auf die wichtigsten Begriffe des Zivilrechts. III. Das Gewohnheitsrecht, in: JW 1895, 157—162.

Kunkel, Wolfgang — Das Wesen der Rezeption des römischen Rechts, in: Heidelberger Jahrbücher, Bd. I, S. 1—12, Berlin, Göttingen, Heidelberg 1957.

ders. — Savignys Bedeutung für die deutsche Rechtswissenschaft und das deutsche Recht, in: JZ 1962, 457—463.

Kuntze, Johannes Emil — Der Wendepunkt der Rechtswissenschaft. Ein Beitrag zur Orientierung über den gegenwärtigen Stand- und Zielpunkt derselben, Leipzig 1856.

Kantorowicz, Hermann — Was ist uns Savigny? in: Recht und Wirtschaft 1912, S. 47—54; 76—79.

Laband, Paul — Das Staatsrecht des deutschen Reiches, Bd. I, 3. Aufl., Freiburg i. Br. und Leipzig 1895.

Larenz, Karl — Methodenlehre der Rechtswissenschaft, 2. Aufl., Berlin, Heidelberg, New York 1969.

Leyser, Augustin — Meditationes ad Pandectas, Vol. I, Franckenthal 1778.

Luig, Klaus — Zur Geschichte der Zessionslehre. Forschungen zur neueren Privatrechtsgeschichte Bd. 10, Köln, Graz 1966.

Marx, Heinrich — Die juristische Methode der Rechtsfindung aus der Natur der Sache bei den Göttinger Germanisten Johann Stephan Pütter und Justus Friedrich Runde, Diss. iur. Göttingen 1967.

Mitteis, Heinrich — Die Geschichte der Rechtswissenschaft im Rahmen der allgemeinen Kulturgeschichte, in: JZ 1951, 671—678.

ders. — Vom Lebenswert der Rechtsgeschichte, Weimar 1947.

Mitteis-Lieberich — Deutsches Privatrecht, 5. Aufl., München 1968.

Mittermaier, Karl Josef Anton — Grundsätze des gemeinen deutschen Privatrechts mit Einschluß des Handels-, Wechsel- und Seerechts, 4. Ausgabe, Landshut 1830.

Molitor, Erich — Grundzüge der neueren Privatrechtsgeschichte, Karlsruhe 1949.

— Motive zu dem Entwurfe eines Bürgerlichen Gesetzbuches für das Deutsche Reich. Bd. III. Sachenrecht. Amtliche Ausgabe, Berlin 1888.

Mühlenbruch, Ch. F. — Lehrbuch des Pandectenrechts, 1. Theil, 3. Aufl., Halle 1839.

ders. — Rechtliche Beurtheilung des Städelschen Beerbungsfalles, nebst einer Einleitung über das Verhältnis der Theorie zur Praxis, Halle 1828.

Müller, Ulrich — Die Entwicklung der direkten Stellvertretung und des Vertrages zugunsten Dritter. Ein dogmengeschichtlicher Beitrag zur Lehre von der unmittelbaren Drittberechtigung und Drittverpflichtung. Beiträge zur neueren Privatrechtsgeschichte Bd. III, Stuttgart, Berlin, Köln, Mainz 1969.

Noellner, Friedrich — Die deutschen Juristen und die deutsche volksthümliche Gesetzgebung seit 1848, Cassel 1848.

Nörr, Dieter — Zur Entstehung der gewohnheitsrechtlichen Theorie, in: Festschrift für Wilhelm Felgentraeger S. 353—366, Göttingen 1969.

Ogris, Werner — Der Entwicklungsgang der österreichischen Privatrechtswissenschaft im 19. Jahrhundert, Berlin 1968.

ders. — Die historische Schule der österreichischen Zivilistik, in: Festschrift für Hans Lentze zum 60. Geburtstage S. 449—496, Innsbruck und München 1969.

Overbeck, August Wilhelm — Meditationen über verschiedene Rechtsmaterien, Bde. 1—9, Hannover 1796—1802.

Overbeck, Bernhard Ludwig

Pernice, Alfred — Parerga X: Nachtrag über Gewohnheitsrecht und ungeschriebenes Recht, in: SavZRA 22 (1901) S. 55—95.

Puchta, Georg Friedrich — Cursus der Institutionen, Bde. I und II, 9. Aufl., besorgt von Paul Krüger, Leipzig 1891.

ders. — Das Gewohnheitsrecht, 1. und 2. Theil, Erlangen 1828 und 1837.

ders. — Pandecten, 3. Aufl., Leipzig 1845.

ders. — Vorlesungen über das heutige römische Recht. Aus dessen Nachlaß herausgegeben von Adolf August Friedrich Rudorff, Bde. I und II, 3. Aufl., Leipzig 1852.

Pütter, Johann Stephan — Auserlesene Rechtsfälle aus allen Theilen der in Teutschland üblichen Rechtsgelehrsamkeit in Deductionen, rechtlichen Bedenken, Relationen und Urtheilen, Bde. I—IV, Göttingen 1768.

Rappaport, Achill — Über die Bedeutung des Titels für die Gültigkeit der Eigentumsübergabe nach dem allgemeinen bürgerlichen Gesetzbuch, in: Festschrift zur Jahrhundertfeier des Allgemeinen Bürgerlichen Gesetzbuches — 1. Juni 1911, II. Teil S. 398—430, Wien 1911.

Regelsberger, Ferdinand — Pandekten, Bd. I, Leipzig 1893.

ders. — Ueber die Verträge zugunsten Dritter und über Schuldübernahme, in: AcP LXVII (1884) S. 1—40.

Reyscher, Ludwig — Die Einheit des gemeinen deutschen Rechts und dessen Verhältnis zu fremden Rechten, in: ZfdtRuRWiss. IX (1845) S. 337—410.

— — Sammlung merkwürdiger Rechtshändel samt ihren zweifels- und entscheidungsgründen, wie auch verschiedener rechts- und anderer Materien, Teil 1—17, Frankfurt 1763—1778.

v. Savigny, Friedrich Carl — Das Obligationenrecht als Theil des heutigen römischen Rechts, Bde. I und II, Berlin 1851 und 1853.

v. Savigny, Friedrich Carl	Juristische Methodenlehre. Nach der Ausgabe des Jakob Grimm herausgegeben von Gerhard Wesenberg, Stuttgart 1951.
ders.	Neu entdeckte Quellen des römischen Rechts, in: ZfgRwiss. III (1816) S. 129—172.
ders.	Recension. N. Th. v. Gönner, ueber Gesetzgebung und Rechtswissenschaft in unserer Zeit, in: ZfgRwiss. I (1815) S. 373—423.
ders.	System des heutigen römischen Rechts, Bde. I—VIII, Berlin 1840—1849.
ders.	Ueber den Zweck dieser Zeitschrift, in: ZfgRwiss. I (1815) S. 1—17.
ders.	Vermischte Schriften, Bd. I, Berlin 1850.
ders.	Vom Beruf unsrer Zeit für Gesetzgebung und Rechtswissenschaft, Heidelberg 1814.
Schambeck, Herbert	Der Begriff der Natur der Sache. Ein Beitrag zur rechtsphilosophischen Grundlagenforschung, Wien 1964.
Scheurl	Stellvertretung, insbesondere bei Begründung von Obligationen, in: Krit. Ueberschau I (1853) S. 315—338.
Schmidt, C. F.	Methode der Auslegung der Justinianeischen Gesetzbücher, Kiel 1855.
Schmidt, Karl Adolf	Die Rezeption des römischen Rechts in Deutschland, Rostock 1868.
Schmiedel, Burkhard	Consuetudo im klassischen und nachklassischen römischen Recht. Forschungen zum römischen Recht, 22. Abhandlung, Köln, Graz 1966.
Schneider, Egon	Aus der Spruchpraxis des rheinischen Appellationsgerichtshofes in den ersten Jahren seines Bestehens, in: Recht und Rechtspflege in den Rheinlanden. Festschrift zum 150jährigen Bestehen des Oberlandesgerichts Köln, S. 307—337, Köln 1969.
ders.	Belege in den Entscheidungsgründen, in: ZZP 77 (1964) S. 228—253.
Schubert, Werner	Die Entstehung der Vorschriften des BGB über Besitz und Eigentumsübertragung. Münsterische Beiträge zur Rechts- und Staatswissenschaft Heft 10, Berlin 1966.
Seitz, Karl Josef	Die praktische Rechtsschule im Entwicklungskampfe mit den bisherigen doctrinären, historischen und Naturrechtsschulen, 2. Aufl., München 1895.
Sintenis, Karl Ferdinand Friedrich	Das practische gemeine Civilrecht, Bde. I—III, Leipzig 1844—1851.
Sohm, Rudolph	Die deutsche Rechtsentwicklung und die Codifikationsfrage, in: GrünhutsZ I (1847) S. 245—280.
ders.	Fränkisches Recht und römisches Recht, in: SavZGA 1 (1880) S. 1—84.

Somló, Felix — Juristische Grundlehre, 2. Aufl., Leipzig 1927.

Stein, L. — Zur Charakteristik der heutigen Rechtswissenschaft, in: Deutsche Jahrbücher für Wissenschaft und Kunst 1841, S. 365 ff.

Stahl, F. J. — Die Philosophie des Rechts nach geschichtlicher Ansicht, Bd. II: Christliche Rechts- und Staatslehre, Heidelberg 1833.

Stammler, Rudolf — Deutsches Rechtsleben in alter und neuer Zeit, Bd. II: Deutsches Rechtsleben während des 19. Jahrhunderts, München 1932.

Stern, Jacques — Thibaut und Savigny. Ein programmatischer Rechtsstreit auf Grund ihrer Schriften, Berlin 1914.

v. Stephanitz, Dieter — Exakte Wissenschaft und Recht. Der Einfluß der Naturwissenschaft und Mathematik auf Rechtsdenken und Rechtswissenschaft in zweieinhalb Jahrtausenden. Ein historischer Grundriß. Münsterische Beiträge zur Rechts- und Staatswissenschaft Heft 15, Berlin 1970.

Stintzing, Roderich — Friedrich Carl v. Savigny. Ein Beitrag zu seiner Würdigung, Berlin 1862.

Stintzing-Landsberg — Geschichte der Deutschen Rechtswissenschaft, Dritte Abtheilung, Erster Halbband, Text; Zweiter Halbband, Text, Noten, München und Leipzig 1898—1910.

Stobbe, Otto — Geschichte der deutschen Rechtsquellen, Bd. I, 2. Abtheilung, Braunschweig 1864.

Stoll, Adolf — F. K. v. Savigny. Ein Bild seines Lebens mit einer Auswahl seiner Briefe, Bd. I: Der junge Savigny, Berlin 1927.

Strauch, Dieter — Friedrich Carl v. Savigny. Briefwechsel mit Friedrich Bluhme 1820—1860, Bonn 1962.

ders. — Recht, Gesetz und Staat bei F. C. v. Savigny. Schriften zur Rechtslehre und Politik Heft 23, Bonn 1960.

Struben, David Georg — Nebenstunden, Theil I—VI, Hannover 1759—1765.

ders. — Rechtliche Bedenken, 1. Theil, Hannover 1761.

Thibaut Anton Friedrich Justus — Civilistische Abhandlungen, Heidelberg 1814.

ders. — System des Pandekten-Rechts, Bd. I, 2. Aufl., Jena 1805.

ders. — Ueber die Nothwendigkeit eines allgemeinen bürgerlichen Rechts für Deutschland, Heidelberg 1814.

ders. — Ueber die sogenannte historische und nicht-historische Rechtsschule, in: AcP XXI (1838) S. 394—419.

ders. — Versuche über einzelne Theile der Theorie des Rechts, Bd. I, Jena 1798.

ders. — Vertheidigung der Praxis gegen manche neuen Theorien, in: AcP V (1822) S. 313—354.

Thieme, Hans — Der junge Savigny, in: Deutsche Rechtswissenschaft 7 (1942) S. 53—64.

Thieme, Hans — Die Zeit des späten Naturrechts. Eine privatrechtsgeschichtliche Studie, in: SavZGA 56 (1936) S. 202—263.

ders. — Savigny und das deutsche Recht, in: SavZGA 80 (1963) S. 1—26.

Tilsch, Immanuel — Das allgemeine bürgerliche Gesetzbuch und die Gewohnheit im Wandel des Jahrhunderts, in: Festschrift zur Jahrhundertfeier des Allgemeinen Bürgerlichen Gesetzbuches — 1. Juni 1911, II. Teil S. 37—52, Wien 1911.

Trusen, Winfried — Anfänge des gelehrten Rechts in Deutschland. Ein Beitrag zur Geschichte der Frührezeption. Recht und Geschichte Bd. 1, Wiesbaden 1962.

Unger, Joseph — Die Verträge zu Gunsten Dritter, in: JhDogmJhb. X (1871) S. 1—109.

ders. — System des oesterreichischen allgemeinen Privatrechts, Bd. I, 4. Aufl., Leipzig 1876.

Vangerow, Karl Adolph — Lehrbuch der Pandekten, Bde. I und III, 6. Aufl., Marburg 1851 und 1856.

Veit, Otto — Der geistesgeschichtliche Standort des Naturrechts, in: Maihofer, Werner, Naturrecht oder Rechtspositivismus S. 33—51, Darmstadt 1962.

— Verhandlungen der Germanisten zu Frankfurt am Main am 24., 25. und 26. September 1846, Frankfurt am Main 1847.

— Verhandlungen der Germanisten zu Lübeck am 27., 28. und 29. September 1847, Lübeck 1848.

— Verhandlungen des Ersten Deutschen Juristentages 1860, Bd. I, Berlin 1860.

Voet, Johann — Commentarius ad Pandectas, Tomus primus, Venedig 1770.

Vogel, Thilo — Zur Praxis und Theorie der richterlichen Bindung an das Gesetz im gewaltenteilenden Staat, Berlin 1969.

Wächter, Carl Georg — Gemeines Recht Deutschlands, insbesondere Gemeines Deutsches Strafrecht. Eine Abhandlung, Leipzig 1844.

ders. — Handbuch des im Königreich Württemberg geltenden Privatrechts, Bde. I und II, Stuttgart 1839 und 1842.

Warnkoenig, Leopold August — Bemerkungen über den Begriff der justa causa bei der Tradition, in: AcP VI (1823) S. 111—134.

Wesenberg, Gerhard — Neuere deutsche Privatrechtsgeschichte, Lahr 1954; 2. Aufl., bearbeitet von Gunter Wesener, Lahr 1969.

ders. — Savignys Einfluß auf die Rechtsprechung des Oberappellationsgerichts in Dresden. Eine Studie zur Nachrezeption, in: SavRZA 67 (1950) S. 459—473.

ders. — Verträge zugunsten Dritter. Rechtsgeschichtliches und Rechtsvergleichendes. Forschungen zum römischen Recht, 1. Bd., 2. Abhandlung, Weimar 1949.

Wieacker, Franz — Gründer und Bewahrer. Rechtslehrer der neueren deutschen Privatrechtsgeschichte, Göttingen 1959.

Wieacker, Franz — Pandektenwissenschaft und industrielle Revolution, in: Juristenjahrbuch Bd. 9 (1968/69), S. 1—28.

ders. — Privatrechtsgeschichte der Neuzeit unter besonderer Berücksichtigung der deutschen Entwicklung, 2. Aufl., Göttingen 1967.

ders. — Vom römischen Recht. Zehn Versuche, 2. Aufl., Stuttgart 1961.

Wieling, Hans Josef — Interesse und Privatstrafe vom Mittelalter bis zum bürgerlichen Gesetzbuch. Forschungen zur neueren Privatrechtsgeschichte Bd. 15, Köln, Wien 1970.

Wilhelm, Walter — Zur juristischen Methodenlehre im 19. Jahrhundert, Frankfurt 1959.

Windscheid, Bernhard — Lehrbuch des Pandektenrechts, Bde. I und II, 7. Aufl., Frankfurt am Main 1891.

Wolf, Erik — Große Rechtsdenker der deutschen Geistesgeschichte, 4. Aufl., Tübingen 1963.

Ziebarth, Karl — Die Realexekution und die Obligation, mit besonderer Rücksicht auf die Miethe erörtert nach römischem und deutschem Recht im Vergleich mit dem preußischen Recht, Heidelberg 1866.

Zitelmann, Ernst — Gewohnheitsrecht und Irrthum, in: AcP LXVI (1883) S. 323—465.

FSC
www.fsc.org
MIX
Papier | Fördert gute Waldnutzung
FSC® C083411

Kolibri 360 GmbH
Ferdinand-Jühlke-Straße 7
99095 Erfurt, Deutschland
produktsicherheit@kolibri360.de